Copyright ©2022 by Dr Sylvia Forchap-Likambi

ISBN-13: 978-1-913266-08-0

PERSONAL & PROFESSIONAL

TRANSFORMATION AND SUCCESS

PLANNER

Your Blueprint to Success & Abundance in All Areas of Your Life

Copyright ©2022 by Dr Sylvia Forchap-Likambi

Personal & Professional Transformation and Success Planner

"When our focus is on becoming the very best versions of ourselves with each new day, there is no urge to compete, fit in, or please others…"

"Stop living other people's lives, dreams, and visions; stop trying to adapt, fit in, and/or compete—and just be your authentic self."

"Identify your uniqueness, and hence your greatest potentials—and then constantly and consciously compete only with the very best version of yourself."

"Continually work towards maximizing your full potential/life purpose and becoming the very best superstar that you were born to become—without ever settling for mediocrity!"

"You are an epitome of success and destined to succeed and for greatness!"

Quotes By Dr. Sylvia Forchap-Likambi

> "Live life in such a way that your life becomes the greatest testimonial and reflection of your authority and leadership."

MY LIFE PURPOSE:

....
....
....
....
....
....
....
....
....
....
....
....
....
....
....
....
....
....
....

> "It's your time to say goodbye to mediocrity and negativity."

MY VISION:

....
....
....
....
....
....
....

Personal & Professional Transformation and Success Planner

MY MISSION:

....
....
....
....
....
....
....

My Vision Board

Please include your own images.

> "It is in your best interest to unlock your unique identity, life mission, and vision sooner rather than later in life!"

MY TEN-YEAR VISION:

....
....
....
....
....
....
....
....
....
....
....
....
....
....
....
....
....

> "The manner in which you consistently act will eventually define and determine your habits."

MY FIVE-YEAR VISION:

....
....
....
....
....
....
....
....

Personal & Professional Transformation and Success Planner

MY VISION FOR THIS YEAR:

....
....
....
....
....
....
....
....
....
....
....
....
....
....
....
....
....
....
....
....

THIS YEAR I AM GRATEFUL FOR:

....
....
....
....
....
....
....
....
....
....
....
....
....
....
....

> "It is paramount that you become aware of your foundational beliefs, values, and thoughts, and re-evaluate, analyse, and reshape them accordingly."

MY PERSONAL GOALS FOR THIS YEAR:

....
....
....
....
....
....
....
....
....
....
....
....
....
....
....
....
....
....
....
....
....
....
....
....
....
....
....
....
....
....

MY PROFESSIONAL GOALS FOR THIS YEAR:

THE POWER OF AFFIRMATIONS:

"Our thoughts and imagination are the only real limits to our possibilities." Orison Swett Marden

"If you can believe, all things are possible to him who believes." Mark 9:23. Nonetheless, if you are one of those who find it hard to believe this or are unable to believe for whatever reason/s, this section of the planner is designed and written to equip you with powerful tools and resources that will encourage you to remain steadfast, optimistic, and confident at all times, no matter what. Your last bet is to have faith that everything happens for a reason and that every challenge that comes your way is for your good. "And we know that God causes everything to work together for the good of those who love God and are called according to his purpose for them." Romans 8:28 (New Living Translation). Hence, you should never give up faith in yourself and in your ability to succeed and thrive while in the midst of storms ... and most especially put your faith in God, and He will never leave, abandon, or forsake you. Also, remember that you are never a victim but always a victor—though this might not be evident initially.

In this section, you are greatly encouraged to explore, exploit, and maximise the power of positive affirmations; incorporate them into your daily routine/life and apply them every morning and as often as required—even while in the midst of a challenging situation or storm.

Affirmation is simply the action or process of guaranteeing something. You must remember that "The tongue has the power of life and death, and those who love it will eat its fruit." Proverbs 18:21.

Consequently, by affirming, you are merely speaking and bringing life into every dead situation and condition in your life. You are bringing hope where there was hopelessness; love where there was hatred; forgiveness where there was unforgiveness; healing where there was infirmity; peace where there was strife; order where there was confusion; and joy where there was sadness... Through the power of positive affirmations, you are using your words powerfully to create your new and ideal reality and experience.

Of note, science supports and endorses the power of positive affirmations. When consciously, deliberately, and repeatedly practiced, they have the potential to reinforce chemical pathways in the brain and strengthen neural connections. Furthermore, neuroscience has demonstrated that our thoughts are capable of changing the structure/neuroplasticity and function of our brains.

David J. Hellerstein, a professor of clinical psychiatry at The Columbia University, had this to say, "In brief, we have realized that 'neuroplasticity,' the ongoing remodelling of brain structure and function, occurs throughout life. It can be affected by life experiences, genes, biological agents, and by behaviour, as well as by thought patterns." Consequently, by practicing positive thought patterns (also known as affirmations) you actually create neuroplasticity in the area of the brain that processes what you are thinking about. For this to be effective, repetition of such thoughts is very crucial—as the process of repetition not only causes an overflow of positive thoughts within your brain but also results in the establishment of a habit and lifestyle, which eventually shapes and defines your actions and destiny. Furthermore, by constantly repeating such affirmations, whether or not you initially believe in them, you create an opportunity for such words and thoughts to be filtered through your conscious mind and stored in your subconscious mind.

"The abilities of this innate intelligence, subconscious mind, or spiritual nature are far greater than any pill, therapy, or treatment, and it is only waiting for our permission to wilfully act. We are riding on the back of a giant, and we're getting a free ride."

Joe Dispenza

Once in your subconscious mind, they become your fundamental core beliefs that eventually shape and determine your values, words, actions, and habits. In effect, there is positive feedback and an amplification of your words/affirmations, which eventually give birth to your reality and destiny. At this advanced stage, regardless of how dark and hopeless your condition may be, you unconsciously and effortlessly speak light, hope, and life into it, out of the abundance and overflow of your heart and mind!

In order for this to be highly effective, I would recommend you choose one or two affirmations each day to focus on throughout the entire day. You should declare these affirmations several times within the day, and most importantly before going to bed at night. Of note, it is crucial that you speak aloud and in a very confident voice. The loudest voice in your mind will always prevail. In addition, by hearing yourself speak these words over and over, you build and develop your faith ... for faith comes by hearing...

"Now faith is confidence in what we hope for and assurance about what we do not see." (Hebrews 11:1).

To give more power to your affirmation and make it become a tangible reality that you can see, touch, and feel you must write it down and visualise it as you speak. Furthermore, while writing down your affirmations, you must ensure they are written in the present tense and are personal, as though they are your current reality, and refer to those things that are not fact as though they were.

In the subsequent parts of this section, I have put together a variety of positive affirmations for you to readily access and use every single day and as often as you can. Endeavour to train yourself to use them every morning when you wake up/before stepping out of the house and at regular intervals during the day—until you develop the habit of doing so effortlessly and frequently. Every single day, you should repeat these positive affirmations to yourself, whether you initially believe them or not—until you get to the stage where you eventually start believing them. Remember, faith comes by hearing and the more you speak to yourself and repeat these positive affirmations, the more you hear them and start having faith and believing in them—irrespective of your current circumstances or what goes on within and around you.

Use the powerful and positive affirmations outlined below to instantly transform your thought patterns and reality. You are very welcome to apply them in any order of preference or certainty. Now write down each one of your chosen affirmations from the list on the affirmations section of your planner and place it where there is great visibility—reading them aloud as often as you can...

1. I am a victor and not a victim.
2. I am more than a conqueror through Christ who strengthens me.
3. I love myself more and more with each new day.
4. I am powerful and strong.
5. With each new day, I become the best version of myself.
6. I am very proud of who I am, where I have come from, and where I am now.
7. I acknowledge myself and all the progress I make.
8. I am beautiful just as I am.
9. Life is a beautiful gift, which I love, cherish, and appreciate.
10. I choose to make the very best of this current situation.

11. I choose to embrace each new day and moment of life with grace and love.
12. I forgive myself now and always.
13. I forgive others now and always.
14. I choose to appreciate The Now.
15. I choose to let go of yesterday and live in the present.
16. I am that I am, a very unique and divine creation destined for wonders and greatness.
17. I am the change I want to see and experience in my life and in the world.
18. I embrace every new challenge as an opportunity to grow and soar to greater heights.
19. I keep soaring to greater heights with each obstacle and barrier working in my favour.
20. I am becoming the very best version of myself with each new day.
21. I am more than a conqueror.
22. I am an embodiment of peace.
23. I am an embodiment of light.
24. I am an embodiment of love, joy, and patience.
25. My words are life; I will use my words to build my life and the life of others.
26. I am the happiest and most blessed individual on Earth.
27. I am an embodiment of kindness and gentleness.
28. Even in the midst of my greatest weaknesses, I am a conqueror.

29. I have incredible mental, emotional, and physical strength.
30. My strengths are my most valuable possessions required to excel and thrive in life.
31. I know and believe that whatever I ask and have faith in I shall receive.
32. I am a blessing and channel for positive change.
33. I acknowledge that faith is the substance of things hoped for and evidence of things not seen. Therefore, I reignite my hope daily.
34. I am confident that my best days are still ahead of me and yet to come.
35. Happiness is my birth right. I receive happiness today and always as my present state of being.
36. I am happy now and always and have total control of my emotions and state of being.
37. I wake up this morning with a grateful and cheerful heart, full of love and passion for life.
38. I am a source of joy, love, and peace.
39. I have the power and ability to tap into my spirit and connect with the Holy Spirit in me, enjoying an abundance of joy, love, and peace—wherever and whenever I desire.
40. I represent a ray of light and hope for others.
41. I am happiness and joy in its purest form and inspire everyone around me to be happy.
42. When I look at my life and the world around me, my heart is filled with joy and gratitude.

43. I find joy and happiness in the most basic things of life and nature.
44. I love and enjoy life every single day.
45. I love laughing and having fun always, no matter what, and I represent an authentic source of humour, love, and happiness.
46. My heart overflows with love towards myself and towards others.
47. I have complete peace and assurance within me.
48. I expect to be successful in all of my endeavours.
49. Success is my birth right and I am always successful.
50. I am very solution-focused and capable of overcoming every life challenge I face.
51. I approve of and embrace myself now and always—just as I am.
52. I am perfectly imperfect and love my imperfect human nature.
53. I love myself profoundly and unconditionally.
54. I forgive myself completely and wholly now and always.
55. I am unique and special. I am blessed and grateful to be alive and to be me.
56. I trust and profoundly believe in myself, and I am very confident in my inner wisdom and ability to make the right judgement.

57. I am a person of great integrity; I am always loyal and totally reliable. I am confident I must overcome this situation.
58. I take full responsibility for my life and the transformational power within me.
59. I act from a place of personal conviction and assurance.
60. I am grounded in my life, as is my spirit.
61. It is very safe for me to be still and at rest.
62. No human knows me better than I know myself; hence, I know what is best for me.
63. I alone know my thoughts and have constant access to them. I therefore choose to always think positively, no matter what.
64. I fully accept myself and know that I am worthy of greatness.
65. As I love and approve of myself and others, my life and experiences get better and better.
66. I release all that is unlike the action of love and receive love and joy in abundance.
67. I am willing and ready to change the pattern/s in me that created this condition.
68. I love my life.
69. I choose to be proud of myself. I am expressing and receiving joy.
70. I am experiencing deep inner peace within me.

71. I choose to constantly feed my mind with positive and nourishing thoughts.
72. I live in the moment and appreciate everything and every being that is a part of now with love, compassion, and kindness.
73. My mistakes and setbacks are stepping stones to my success because I learn from them daily.
74. Every day is a new beginning and a new opportunity for me to thrive and become the best version of myself.
75. I know exactly what I need to do to achieve success and victory. I am in control.
76. I am always valuable and worthy.
77. I am salt to the earth and will retain my saltiness at all times.
78. I am light to the world and will never dim my light, no matter what. I continually shine to benefit myself and others.
79. I am strong, I am courageous, and I am powerful—at all times.
80. With every fall and setback, I come back greater, rising even higher and becoming more resilient.
81. I am pure dynamic energy.
82. My purpose is to succeed in all that I do and know that success is a reality awaiting my arrival.
83. I have a spirit of love, sound mind and courage and not a spirit of fear! I am fearless and courageous.

84. I feel powerful, capable, confident, energetic, and at my very best. I am amazingly happy.
85. I love challenges that stretch me and approach them with boldness and enthusiasm.
86. I live in the present and I am confident of a bright and prosperous future.
87. I am a very confident individual; I am bold, friendly, and outgoing.
88. I am independent, creative, persistent, and consistent in all that I do.
89. I am energetic, bubbly, passionate, and enthusiastic at all times.
90. I always attract only the best of circumstances and the most positive and optimistic people in my life.
91. I consciously choose to see only the very best in myself and in others, regardless of what is going on around me.
92. I am a problem solver. I focus on solutions and always find the best solution and way out of any problem.
93. I love change, I am a change agent, and very easily adjust myself to new situations and environments.
94. My body, soul, and spirit are in complete harmony, which results in an overall sense of peace and serenity in my being.
95. I flourish in optimal mental, emotional, physical, and spiritual health and well-being.

96. I am convinced that my thoughts become my reality, and therefore I can create my new and ideal reality by changing my thoughts to match the reality I desire.
97. With each new challenge, I become more and more confident, wiser, and better.
98. I am physically and physiologically strong and healthy, equipped and prepared to overcome every threat and challenge.
99. Every morning, I nourish my body with healthy food and drink, my mind with healthy and positive thoughts and words, and my spirit with unconditional love and everlasting peace.
100. I have the power and authority conferred to me by The Divine to overcome every pain in my body and heal myself from within.
101. I now live beyond other people's fears and limitations, including mine.
102. I am peaceful, loving, kind, and happy, and everyone loves and enjoys my company.
103. I am sowing seeds of love, peace, kindness, joy, self-control, patience, and compassion wherever I am—and must surely reap these in harvest season.
104. My home and surrounding environment are calm and peaceful.
105. I release anger, pain, and hurt and fill myself with an abundance of love, serenity, and peaceful thoughts.

106. All is well with my soul right now.
107. I am very grateful for this moment and find joy and meaning in it.
108. I gently and easily return to a state of complete harmony and peace.
109. I am very aware of my own thoughts, actions, and limitations; I accept and embrace them without passing judgement.
110. I live fully in the present; I appreciate every moment and choose to let go of the hurt and disappointment of the past.
111. Life is in the moment; I live and cherish every moment as if it were my last and most precious.
112. I accept, embrace, and live all experiences, even unpleasant ones, taking with me the lessons and wisdom drawn from them.
113. I am objective; I can perceive and control my emotions without getting attached to them.
114. I meditate daily and without resistance or anxiety on the promises of the Word of God, which is food for my soul.
115. I am serene and at peace with everyone and everything in my life. With every breath I take I feel a deep sense of inner peace that surpasses all human understanding.
116. Every day I get better and better and stronger and stronger.
117. I know that everything works out for my good and according to God's purpose and plan for my life.

118. Being in a state of harmony and calmness energizes my whole being.
119. Even when there is chaos and unrest around me, I remain calm and focused on me and the peace within me.
120. I overcome and defeat stress and anxiety of any kind. I live in peace.
121. I am free of anxiety and a calm inner peace fills my entire being and soul.
122. All is well in my life. I am serene, happy, and contented—just as I am.
123. My body is healthy; my mind is brilliant; my soul is tranquil.
124. I am superior to every negative thought and mediocre action.
125. I forgive all those who have hurt and oppressed me in my past and peacefully detach from them and the experience.
126. An overflow of love and tranquillity is washing away my anger and replacing it with love, kindness, and gentleness.
127. I am guided in my every step by The Holy Spirit that dwells in me and leads me towards what I must know and do.
128. Happiness is a deliberate choice. I choose to be happy as a result of my own accomplishments and the blessings I've been given.
129. My ability to conquer my challenges is limitless; my potential to succeed is infinite.

130. I am courageous and I can stand up for myself and for others who are weak and fearful.
131. I am living a glorious and fulfilled life—my best life ever.
132. I love my life and all of my experiences, good and bad, and I will never trade my life for anyone else's, no matter what.
133. Many people look up to me for counsel, guidance, and direction and recognise my worth; I am valued, respected, and admired.
134. I am blessed with an incredible life, family, and amazing friends.
135. Everything that is happening now is happening for my ultimate good.
136. Though these times are very challenging and difficult, I fully recognise that they are merely seasons and events and shall surely pass.
137. I am conquering every challenge I encounter; I am overcoming it steadily and with grace.
138. Every barrier and wall in front of me is gradually transforming into a bridge/gateway that connects me to my destiny. I therefore walk in faith.
139. Every obstacle around me and my surroundings are gradually turning around and moving out of my vicinity; my path is designed towards greatness and victory.
140. I am perfectly at peace with everything that has happened in my past, is happening right now, and will happen in the future—shalom.

141. I am an eagle with a great vision that takes me beyond my physical limitations and empowers me with an incredible ability to soar to greater heights in the midst of storms.
142. I am a spiritual being created in the magnificent image of God Almighty.

Make maximum use of the above affirmations as often as you can—the more often you employ them, the more productive and life changing they become. You are encouraged to use them even when you do not have any problem or challenge to overcome. They are vital for the nourishment of your mind/soul, spirit, and body and for the building of your faith and resilience. Remember, faith comes by hearing...

Take note that the above affirmations are not for you to examine, analyse, and evaluate whether or not they are true and apply in your life or circumstances. Also, it is not a prerequisite that you completely believe in every one of them. They are simply for your usage—whether they apply in your life or not. All I ask is that you have an open and non-critical mind, suspending every un-belief for now—and just use them daily!

You can utilize any of the affirmations you choose to, either alone or in combination with one or more of the others, in order to suit your personal needs and demands.

However, it is important and vital to establish a profound communication system through which the affirmations will be communicated and allowed to express themselves in reality. Hence, confess and say them with conviction so they may eventually become a reality.

Always remember this: words are powerful, and the power of life and death lies in the tongue. Therefore, this is your unique opportunity and chance to use your words to bring life to every dead situation and event. Use your words to create those things that are not so they can become a tangible reality. It is your ultimate chance to shape and determine your destiny and create the life and future of success and abundance that you desire and deserve—amidst all odds.

"Tell me and I forget, teach me and I may remember, involve me and I learn." Benjamin Franklin

Now think of your own affirmations or the ones from the above list of affirmations that resonate the most with you and write them below.

MY AFFIRMATIONS:

MONTH 1:   **DATE:**

"I am perfectly imperfect and destined for greatness."

I AM BLESSED

THIS MONTH I AM MOST GRATEFUL FOR:

....
....
....
....
....
....
....
....
....
....

MY AFFIRMATIONS:

....
....
....
....
....
....
....
....

MY PERSONAL GOALS FOR THIS MONTH:

....
....
....
....
....
....
....
....
....

MY PROFESSIONAL GOALS FOR THIS MONTH:

....
....
....
....
....
....
....
....
....
....

MY PERSONAL ACCOMPLISHMENTS THIS MONTH:

....
....
....
....
....
....
....
....
....
....

MY PROFESSIONAL ACCOMPLISHMENTS THIS MONTH:

....
....
....
....
....
....
....
....
....
....
....
....
....
....
....

WEEK 1: **DATE:**

"Focus on your unique strengths, as they set you apart."

I AM BLESSED

THIS WEEK I AM MOST GRATEFUL FOR:

....
....
....
....
....
....
....
....
....

MY AFFIRMATIONS:

....
....
....
....
....
....
....

MY PERSONAL GOALS FOR THIS WEEK:

....
....
....
....
....
....
....
....
....

MY PROFESSIONAL GOALS FOR THIS WEEK:

....
....
....
....
....
....
....
....
....
....

MY PERSONAL ACCOMPLISHMENTS THIS WEEK:

....
....
....
....
....
....
....
....
....
....

MY PROFESSIONAL ACCOMPLISHMENTS THIS WEEK:

....
....
....
....
....
....
....
....
....
....
....
....
....
....
....

DAY 1:   DATE:

"Whatever your hopes and dreams are, you can certainly achieve them."

I AM BLESSED

TODAY I AM MOST GRATEFUL FOR:

....
....
....
....
....
....
....

MY AFFIRMATIONS:

....
....
....
....
....
....
....
....
....

MY PERSONAL GOALS FOR TODAY:

....
....
....
....
....
....
....
....
....

MY PROFESSIONAL GOALS FOR TODAY:

....
....
....
....
....
....
....
....
....
....

MY PERSONAL ACCOMPLISHMENTS TODAY:

....
....
....
....
....
....
....
....
....
....

MY PROFESSIONAL ACCOMPLISHMENTS TODAY:

....
....
....
....
....
....
....
....
....
....
....
....
....
....
....

DAY 2: DATE:

"Don't let people or society put you into a box or box you into your past."

I AM BLESSED

TODAY I AM MOST GRATEFUL FOR:

....
....
....
....
....
....
....

MY AFFIRMATIONS:

....
....
....
....
....
....
....
....

MY PERSONAL GOALS FOR TODAY:

....
....
....
....
....
....
....
....

MY PROFESSIONAL GOALS FOR TODAY:

....
....
....
....
....
....
....
....
....

MY PERSONAL ACCOMPLISHMENTS TODAY:

....
....
....
....
....
....
....
....
....

MY PROFESSIONAL ACCOMPLISHMENTS TODAY:

....
....
....
....
....
....
....
....
....
....
....
....
....
....
....

DAY 3:   **DATE:**

"Your thoughts are responsible for shaping your life and predicting your life/destiny."

I AM BLESSED

TODAY I AM MOST GRATEFUL FOR:

....
....
....
....
....
....
....
....

MY AFFIRMATIONS:

....
....
....
....
....
....
....
....

MY PERSONAL GOALS FOR TODAY:

....
....
....
....
....
....
....
....
....

MY PROFESSIONAL GOALS FOR TODAY:

....
....
....
....
....
....
....
....
....
....

MY PERSONAL ACCOMPLISHMENTS TODAY:

....
....
....
....
....
....
....
....
....
....

MY PROFESSIONAL ACCOMPLISHMENTS TODAY:

....
....
....
....
....
....
....
....
....
....
....
....
....
....
....

DAY 4: **DATE:**

"You can change those limiting and destructive beliefs you hold about yourself and your life right here and now."

I AM BLESSED

TODAY I AM MOST GRATEFUL FOR:

....
....
....
....
....
....
....

MY AFFIRMATIONS:

....
....
....
....
....
....
....
....
....

MY PERSONAL GOALS FOR TODAY:

....
....
....
....
....
....
....
....
....

MY PROFESSIONAL GOALS FOR TODAY:

....
....
....
....
....
....
....
....
....
....

MY PERSONAL ACCOMPLISHMENTS TODAY:

....
....
....
....
....
....
....
....
....

MY PROFESSIONAL ACCOMPLISHMENTS TODAY:

....
....
....
....
....
....
....
....
....
....
....
....
....
....
....

DAY 5: **DATE:**

"I forgive others, now and always."

I AM BLESSED

TODAY I AM MOST GRATEFUL FOR:

....
....
....
....
....
....
....
....

MY AFFIRMATIONS:

....
....
....
....
....
....
....
....

MY PERSONAL GOALS FOR TODAY:

....
....
....
....
....
....
....
....
....

MY PROFESSIONAL GOALS FOR TODAY:

....
....
....
....
....
....
....
....
....

MY PERSONAL ACCOMPLISHMENTS TODAY:

....
....
....
....
....
....
....
....
....

MY PROFESSIONAL ACCOMPLISHMENTS TODAY:

....
....
....
....
....
....
....
....
....
....
....
....
....
....
....

DAY 6: **DATE:**

"Once you start operating based on your foundational beliefs and not on your sight/reality, there is a complete paradigm and mindset shift."

I AM BLESSED

TODAY I AM MOST GRATEFUL FOR:

....
....
....
....
....
....
....

MY AFFIRMATIONS:

....
....
....
....
....
....
....
....

MY PERSONAL GOALS FOR TODAY:

....
....
....
....
....
....
....
....

MY PROFESSIONAL GOALS FOR TODAY:

....
....
....
....
....
....
....
....
....

MY PERSONAL ACCOMPLISHMENTS TODAY:

....
....
....
....
....
....
....
....
....

MY PROFESSIONAL ACCOMPLISHMENTS TODAY:

....
....
....
....
....
....
....
....
....
....
....
....
....
....
....

DAY 7: **DATE:**

"This is the beginning of your breakthrough."

I AM BLESSED

TODAY I AM MOST GRATEFUL FOR:

....
....
....
....
....
....
....

MY AFFIRMATIONS:

....
....
....
....
....
....
....
....

MY PERSONAL GOALS FOR TODAY:

....
....
....
....
....
....
....
....
....

MY PROFESSIONAL GOALS FOR TODAY:

....
....
....
....
....
....
....
....
....
....

MY PERSONAL ACCOMPLISHMENTS TODAY:

....
....
....
....
....
....
....
....
....
....

MY PROFESSIONAL ACCOMPLISHMENTS TODAY:

....
....
....
....
....
....
....
....
....
....
....
....
....
....
....

WEEK 2:   **DATE:**

"You are no longer driven by your past failures and fears, or present hardships and challenges, but rather by your passions."

I AM BLESSED

THIS WEEK I AM MOST GRATEFUL FOR:

....
....
....
....
....
....
....

MY AFFIRMATIONS:

....
....
....
....
....
....
....

MY PERSONAL GOALS FOR THIS WEEK:

....
....
....
....
....
....
....

MY PROFESSIONAL GOALS FOR THIS WEEK:

....
....
....
....
....
....
....
....
....
....

MY PERSONAL ACCOMPLISHMENTS THIS:

....
....
....
....
....
....
....
....
....
....

MY PROFESSIONAL ACCOMPLISHMENTS THIS WEEK:

....
....
....
....
....
....
....
....
....
....
....
....
....
....
....
....

DAY 1:   **DATE:**

"Passion gives you the opportunity to see and focus on what you love and that brings you immense fulfilment and joy."

I AM BLESSED

TODY I AM MOST GRATEFUL FOR:

....
....
....
....
....
....
....
....

MY AFFIRMATIONS:

....
....
....
....
....
....
....
....
....

MY PERSONAL GOALS FOR TODAY:

....
....
....
....
....
....
....
....
....
....

MY PROFESSIONAL GOALS FOR TODAY:

....
....
....
....
....
....
....
....
....
....

MY PERSONAL ACCOMPLISHMENTS TODAY:

....
....
....
....
....
....
....
....
....
....

MY PROFESSIONAL ACCOMPLISHMENTS TODAY:

....
....
....
....
....
....
....
....
....
....
....
....
....
....
....

DAY 2: **DATE:**

"You are a winner and not a loser."

I AM BLESSED

TODAY I AM MOST GRATEFUL FOR:

....
....
....
....
....
....
....

MY AFFIRMATIONS:

....
....
....
....
....
....
....

MY PERSONAL GOALS FOR TODAY:

....
....
....
....
....
....
....
....
....

MY PROFESSIONAL GOALS FOR TODAY:

....
....
....
....
....
....
....
....
....
....

MY PERSONAL ACCOMPLISHMENTS TODAY:

....
....
....
....
....
....
....
....
....
....

MY PROFESSIONAL ACCOMPLISHMENTS TODAY:

....
....
....
....
....
....
....
....
....
....
....
....
....
....
....
....
....

DAY 3: DATE:

"I am a divine creation destined for wonders and greatness."

I AM BLESSED

TODAY I AM MOST GRATEFUL FOR:

....
....
....
....
....
....
....

MY AFFIRMATIONS:

....
....
....
....
....
....
....

MY PERSONAL GOALS FOR TODAY:

....
....
....
....
....
....
....
....

MY PROFESSIONAL GOALS FOR TODAY:

....
....
....
....
....
....
....
....
....

MY PERSONAL ACCOMPLISHMENTS TODAY:

....
....
....
....
....
....
....
....

MY PROFESSIONAL ACCOMPLISHMENTS TODAY:

....
....
....
....
....
....
....
....
....
....
....
....
....
....

DAY 4:   **DATE:**

"When you know who you are, people cannot label you. Or more appropriately, you cannot permit people to label you."

I AM BLESSED

TODAY I AM MOST GRATEFUL FOR:

....
....
....
....
....
....
....
....

MY AFFIRMATIONS:

....
....
....
....
....
....
....
....

MY PERSONAL GOALS FOR TODAY:

....
....
....
....
....
....
....
....

MY PROFESSIONAL GOALS FOR TODAY:

....
....
....
....
....
....
....
....
....
....

MY PERSONAL ACCOMPLISHMENTS TODAY:

....
....
....
....
....
....
....
....
....
....

MY PROFESSIONAL ACCOMPLISHMENTS TODAY:

....
....
....
....
....
....
....
....
....
....
....
....
....
....
....
....

DAY 5: **DATE:**

"You have the potential and power to control the way you respond to what happens to you."

I AM BLESSED

TODAY I AM MOST GRATEFUL FOR:

....
....
....
....
....
....
....
....

MY AFFIRMATIONS:

....
....
....
....
....
....
....
....

MY PERSONAL GOALS FOR TODAY:

....
....
....
....
....
....
....
....

MY PROFESSIONAL GOALS FOR TODAY:

....
....
....
....
....
....
....
....
....

MY PERSONAL ACCOMPLISHMENTS TODAY:

....
....
....
....
....
....
....
....
....

MY PROFESSIONAL ACCOMPLISHMENTS TODAY:

....
....
....
....
....
....
....
....
....
....
....
....
....
....
....

DAY 6:   **DATE:**

"You have the power to set the pace and determine your destiny, not people or circumstances or chance."

I AM BLESSED

TODAY I AM MOST GRATEFUL FOR:

....
....
....
....
....
....
....
....

MY AFFIRMATIONS:

....
....
....
....
....
....
....
....

MY PERSONAL GOALS FOR TODAY:

....
....
....
....
....
....
....
....

MY PROFESSIONAL GOALS FOR TODAY:

....
....
....
....
....
....
....
....
....
....

MY PERSONAL ACCOMPLISHMENTS TODAY:

....
....
....
....
....
....
....
....
....

MY PROFESSIONAL ACCOMPLISHMENTS TODAY:

....
....
....
....
....
....
....
....
....
....
....
....
....
....
....

DAY 7:   **DATE:**

"What's most important is where you are going – your destination and purpose."

I AM BLESSED

TODAY I AM MOST GRATEFUL FOR:

....
....
....
....
....
....
....
....

MY AFFIRMATIONS:

....
....
....
....
....
....
....
....

MY PERSONAL GOALS FOR TODAY:

....
....
....
....
....
....
....
....

MY PROFESSIONAL GOALS FOR TODAY:

....
....
....
....
....
....
....
....
....
....

MY PERSONAL ACCOMPLISHMENTS TODAY:

....
....
....
....
....
....
....
....
....
....

MY PROFESSIONAL ACCOMPLISHMENTS TODAY:

....
....
....
....
....
....
....
....
....
....
....
....
....
....
....

WEEK 3:   **DATE:**

"Your attitude is critical and solely responsible for how you express yourself."

I AM BLESSED

THIS WEEK I AM MOST GRATEFUL FOR:

....
....
....
....
....
....
....
....
....

MY AFFIRMATIONS:

....
....
....
....
....
....
....

MY PERSONAL GOALS FOR THIS WEEK:

....
....
....
....
....
....
....
....
....

MY PROFESSIONAL GOALS FOR THIS WEEK:

....
....
....
....
....
....
....
....
....
....

MY PERSONAL ACCOMPLISHMENTS THIS WEEK:

....
....
....
....
....
....
....
....
....
....

MY PROFESSIONAL ACCOMPLISHMENTS THIS WEEK:

....
....
....
....
....
....
....
....
....
....
....
....
....
....
....

DAY 1:   **DATE:**

"Every wall in front of me is gradually transforming into a bridge that connects me to my destiny."

I AM BLESSED

TODAY I AM MOST GRATEFUL FOR:

....
....
....
....
....
....
....
....

MY AFFIRMATIONS:

....
....
....
....
....
....
....
....
....

MY PERSONAL GOALS FOR TODAY:

....
....
....
....
....
....
....
....

MY PROFESSIONAL GOALS FOR TODAY:

....
....
....
....
....
....
....
....
....
....

MY PERSONAL ACCOMPLISHMENTS TODAY:

....
....
....
....
....
....
....
....
....

MY PROFESSIONAL ACCOMPLISHMENTS TODAY:

....
....
....
....
....
....
....
....
....
....
....
....
....
....
....

DAY 2:   **DATE:**

"We should never settle for anything beneath our vision and greatness."

I AM BLESSED

TODY I AM MOST GRATEFUL FOR:

....
....
....
....
....
....
....

MY AFFIRMATIONS:

....
....
....
....
....
....
....
....

MY PERSONAL GOALS FOR TODAY:

....
....
....
....
....
....
....
....

MY PROFESSIONAL GOALS FOR TODAY:

....
....
....
....
....
....
....
....
....
....

MY PERSONAL ACCOMPLISHMENTS TODAY:

....
....
....
....
....
....
....
....
....
....

MY PROFESSIONAL ACCOMPLISHMENTS TODAY:

....
....
....
....
....
....
....
....
....
....
....
....
....
....
....
....

DAY 3:   **DATE:**

"Vision is the capacity to see that which others cannot see, then plan and prepare for it."

I AM BLESSED

TODAY I AM MOST GRATEFUL FOR:

....
....
....
....
....
....
....
....

MY AFFIRMATIONS:

....
....
....
....
....
....
....
....

MY PERSONAL GOALS FOR TODAY:

....
....
....
....
....
....
....
....

MY PROFESSIONAL GOALS FOR TODAY:

....
....
....
....
....
....
....
....
....

MY PERSONAL ACCOMPLISHMENTS TODAY:

....
....
....
....
....
....
....
....
....

MY PROFESSIONAL ACCOMPLISHMENTS TODAY:

....
....
....
....
....
....
....
....
....
....
....
....
....
....
....

DAY 4:   DATE:

"I am an embodiment of joy, love, and patience."

I AM BLESSED
TODAY I AM MOST GRATEFUL FOR:

....
....
....
....
....
....
....
....

MY AFFIRMATIONS:

....
....
....
....
....
....
....
....

MY PERSONAL GOALS FOR TODAY:

....
....
....
....
....
....
....
....

MY PROFESSIONAL GOALS FOR TODAY:

....
....
....
....
....
....
....
....
....
....

MY PERSONAL ACCOMPLISHMENTS TODAY:

....
....
....
....
....
....
....
....
....

MY PROFESSIONAL ACCOMPLISHMENTS TODAY:

....
....
....
....
....
....
....
....
....
....
....
....
....
....
....
....

DAY 5:   **DATE:**

"Even though our past plays a significant role in shaping the course of our lives, it isn't fully responsible for who we become."

I AM BLESSED

TODY I AM MOST GRATEFUL FOR:

....
....
....
....
....
....
....

MY AFFIRMATIONS:

....
....
....
....
....
....
....
....

MY PERSONAL GOALS FOR TODAY:

....
....
....
....
....
....
....
....
....

MY PROFESSIONAL GOALS FOR TODAY:

....
....
....
....
....
....
....
....
....
....

MY PERSONAL ACCOMPLISHMENTS TODAY:

....
....
....
....
....
....
....
....
....

MY PROFESSIONAL ACCOMPLISHMENTS TODAY:

....
....
....
....
....
....
....
....
....
....
....
....
....
....

DAY 6:   **DATE:**

"I am committed to always being myself and staying true to who I am, no matter what."

I AM BLESSED

TODAY I AM MOST GRATEFUL FOR:

....
....
....
....
....
....
....
....

MY AFFIRMATIONS:

....
....
....
....
....
....
....
....
....

MY PERSONAL GOALS FOR TODAY:

....
....
....
....
....
....
....
....
....

MY PROFESSIONAL GOALS FOR TODAY:

....
....
....
....
....
....
....
....
....
....

MY PERSONAL ACCOMPLISHMENTS TODAY:

....
....
....
....
....
....
....
....
....

MY PROFESSIONAL ACCOMPLISHMENTS TODAY:

....
....
....
....
....
....
....
....
....
....
....
....
....
....
....
....

DAY 7: **DATE:**

"Your strengths are far more important than any weaknesses you may have."

I AM BLESSED

TODAY I AM MOST GRATEFUL FOR:

....
....
....
....
....
....
....

MY AFFIRMATIONS:

....
....
....
....
....
....
....
....

MY PERSONAL GOALS FOR TODAY:

....
....
....
....
....
....
....
....

MY PROFESSIONAL GOALS FOR TODAY:

....
....
....
....
....
....
....
....
....
....

MY PERSONAL ACCOMPLISHMENTS TODAY:

....
....
....
....
....
....
....
....
....

MY PROFESSIONAL ACCOMPLISHMENTS TODAY:

....
....
....
....
....
....
....
....
....
....
....
....
....

WEEK 4:   **DATE:**

"Confidence is simply trust; self-confidence simply means trust in the self."

I AM BLESSED

THIS WEEK I AM MOST GRATEFUL FOR:

....
....
....
....
....
....
....
....
....
....

MY AFFIRMATIONS:

....
....
....
....
....
....
....

MY PERSONAL GOALS FOR THIS WEEK:

....
....
....
....
....
....
....
....
....

MY PROFESSIONAL GOALS FOR THIS WEEK:

MY PERSONAL ACCOMPLISHMENTS THIS WEEK:

MY PROFESSIONAL ACCOMPLISHMENTS THIS WEEK:

DAY 1:   DATE:

"You can thrive in life and successfully become all that you were ever created to become, living a life of purpose and fulfilment."

I AM BLESSED

TODAY I AM MOST GRATEFUL FOR:

....
....
....
....
....
....
....

MY AFFIRMATIONS:

....
....
....
....
....
....
....
....
....

MY PERSONAL GOALS FOR TODAY:

....
....
....
....
....
....
....
....
....

MY PROFESSIONAL GOALS FOR TODAY:

....
....
....
....
....
....
....
....
....
....

MY PERSONAL ACCOMPLISHMENTS TODAY:

....
....
....
....
....
....
....
....
....

MY PROFESSIONAL ACCOMPLISHMENTS TODAY:

....
....
....
....
....
....
....
....
....
....
....
....
....
....
....

DAY 2:   **DATE:**

"Our origin is linked to our source and most authentic being."

I AM BLESSED

TODAY I AM MOST GRATEFUL FOR:

....
....
....
....
....
....
....

MY AFFIRMATIONS:

....
....
....
....
....
....
....
....

MY PERSONAL GOALS FOR TODAY:

....
....
....
....
....
....
....
....

MY PROFESSIONAL GOALS FOR TODAY:

....
....
....
....
....
....
....
....
....
....

MY PERSONAL ACCOMPLISHMENTS TODAY:

....
....
....
....
....
....
....
....
....
....

MY PROFESSIONAL ACCOMPLISHMENTS TODAY:

....
....
....
....
....
....
....
....
....
....
....
....

DAY 3:   **DATE:**

"Once you know where you have come from, you have a better understanding of what you are destined to become."

I AM BLESSED

TODAY I AM MOST GRATEFUL FOR:

....
....
....
....
....
....
....
....

MY AFFIRMATIONS:

....
....
....
....
....
....
....
....
....

MY PERSONAL GOALS FOR TODAY:

....
....
....
....
....
....
....
....
....

MY PROFESSIONAL GOALS FOR TODAY:

....
....
....
....
....
....
....
....
....
....

MY PERSONAL ACCOMPLISHMENTS TODAY:

....
....
....
....
....
....
....
....
....
....

MY PROFESSIONAL ACCOMPLISHMENTS TODAY:

....
....
....
....
....
....
....
....
....
....
....
....
....
....
....

DAY 4:   DATE:

"I walk in faith."

I AM BLESSED

TODAY I AM MOST GRATEFUL FOR:

....
....
....
....
....
....
....
....

MY AFFIRMATIONS:

....
....
....
....
....
....
....
....

MY PERSONAL GOALS FOR TODAY:

....
....
....
....
....
....
....
....

MY PROFESSIONAL GOALS FOR TODAY:

....
....
....
....
....
....
....
....
....
....

MY PERSONAL ACCOMPLISHMENTS TODAY:

....
....
....
....
....
....
....
....
....

MY PROFESSIONAL ACCOMPLISHMENTS TODAY:

....
....
....
....
....
....
....
....
....
....
....
....
....
....

DAY 5: **DATE:**

"Go out and live the wonderful, beautiful, and exceptional life that you were born to live and deserve to live."

I AM BLESSED

TODAY I AM MOST GRATEFUL FOR:

....
....
....
....
....
....
....

MY AFFIRMATIONS:

....
....
....
....
....
....
....
....

MY PERSONAL GOALS FOR TODAY:

....
....
....
....
....
....
....
....

MY PROFESSIONAL GOALS FOR TODAY:

....
....
....
....
....
....
....
....
....
....

MY PERSONAL ACCOMPLISHMENTS TODAY:

....
....
....
....
....
....
....
....
....

MY PROFESSIONAL ACCOMPLISHMENTS TODAY:

....
....
....
....
....
....
....
....
....
....
....
....
....
....
....

DAY 6:   **DATE:**

"I choose to make the very best of this current situation."

I AM BLESSED

TODAY I AM MOST GRATEFUL FOR:

....
....
....
....
....
....
....

MY AFFIRMATIONS:

....
....
....
....
....
....
....

MY PERSONAL GOALS FOR TODAY:

....
....
....
....
....
....
....

MY PROFESSIONAL GOALS FOR TODAY:

....
....
....
....
....
....
....
....
....
....

MY PERSONAL ACCOMPLISHMENTS TODAY:

....
....
....
....
....
....
....
....
....

MY PROFESSIONAL ACCOMPLISHMENTS TODAY:

....
....
....
....
....
....
....
....
....
....
....
....
....
....
....

DAY 7:   **DATE:**

"Fulfillment is a divine signal within you to affirm the execution of purpose."

I AM BLESSED

TODAY I AM MOST GRATEFUL FOR:

....
....
....
....
....
....
....
....

MY AFFIRMATIONS:

....
....
....
....
....
....
....
....

MY PERSONAL GOALS FOR TODAY:

....
....
....
....
....
....
....
....

MY PROFESSIONAL GOALS FOR TODAY:

....
....
....
....
....
....
....
....
....

MY PERSONAL ACCOMPLISHMENTS TODAY:

....
....
....
....
....
....
....
....
....

MY PROFESSIONAL ACCOMPLISHMENTS TODAY:

....
....
....
....
....
....
....
....
....
....
....
....
....
....
....

WEEK 5: **DATE:**

"My words are life; I will use my words to build my life and the life of others."

I AM BLESSED

THIS WEEK I AM MOST GRATEFUL FOR:

....
....
....
....
....
....
....
....
....
....

MY AFFIRMATIONS:

....
....
....
....
....
....
....

MY PERSONAL GOALS FOR THIS WEEK:

....
....
....
....
....
....
....
....
....

MY PROFESSIONAL GOALS FOR THIS WEEK:

....
....
....
....
....
....
....
....
....
....

MY PERSONAL ACCOMPLISHMENTS THIS WEEK:

....
....
....
....
....
....
....
....
....

MY PROFESSIONAL ACCOMPLISHMENTS THIS WEEK:

....
....
....
....
....
....
....
....
....
....
....
....
....
....

DAY 1:   DATE:

"Fulfil your purpose through your actions and daily habits."

I AM BLESSED

TODY I AM MOST GRATEFUL FOR:

....
....
....
....
....
....
....

MY AFFIRMATIONS:

....
....
....
....
....
....
....
....

MY PERSONAL GOALS FOR TODAY:

....
....
....
....
....
....
....
....
....

MY PROFESSIONAL GOALS FOR TODAY:

....
....
....
....
....
....
....
....
....

MY PERSONAL ACCOMPLISHMENTS TODAY:

....
....
....
....
....
....
....
....
....

MY PROFESSIONAL ACCOMPLISHMENTS TODAY:

....
....
....
....
....
....
....
....
....
....
....
....
....

DAY 2: **DATE:**

"I am conquering every challenge I encounter with grace."

I AM BLESSED

TODAY I AM MOST GRATEFUL FOR:

....
....
....
....
....
....
....

MY AFFIRMATIONS:

....
....
....
....
....
....
....
....

MY PERSONAL GOALS FOR TODAY:

....
....
....
....
....
....
....
....

MY PROFESSIONAL GOALS FOR TODAY:

....
....
....
....
....
....
....
....
....
....

MY PERSONAL ACCOMPLISHMENTS TODAY:

....
....
....
....
....
....
....
....
....

MY PROFESSIONAL ACCOMPLISHMENTS TODAY:

....
....
....
....
....
....
....
....
....
....
....
....
....
....
....

DAY 3:   **DATE:**

"You were born to thrive and to excel."

I AM BLESSED

TODAY I AM MOST GRATEFUL FOR:

....
....
....
....
....
....
....

MY AFFIRMATIONS:

....
....
....
....
....
....
....

MY PERSONAL GOALS FOR TODAY:

....
....
....
....
....
....
....
....

MY PROFESSIONAL GOALS FOR TODAY:

....
....
....
....
....
....
....
....
....

MY PERSONAL ACCOMPLISHMENTS TODAY:

....
....
....
....
....
....
....
....

MY PROFESSIONAL ACCOMPLISHMENTS TODAY:

....
....
....
....
....
....
....
....
....
....
....
....

DAY 4:   **DATE:**

"You must first of all see and acknowledge yourself as the great individual that you are destined to become."

I AM BLESSED

TODAY I AM MOST GRATEFUL FOR:

....
....
....
....
....
....
....
....

MY AFFIRMATIONS:

....
....
....
....
....
....
....
....
....

MY PERSONAL GOALS FOR TODAY:

....
....
....
....
....
....
....
....
....

MY PROFESSIONAL GOALS FOR TODAY:

....
....
....
....
....
....
....
....
....
....

MY PERSONAL ACCOMPLISHMENTS TODAY:

....
....
....
....
....
....
....
....
....

MY PROFESSIONAL ACCOMPLISHMENTS TODAY:

....
....
....
....
....
....
....
....
....
....
....
....
....
....
....

DAY 5: **DATE:**

"Once you become aware of who you are, your strengths, and your purpose, it doesn't matter what any other person thinks or says about you."

I AM BLESSED

TODAY I AM MOST GRATEFUL FOR:

....
....
....
....
....
....
....

MY AFFIRMATIONS:

....
....
....
....
....
....
....
....

MY PERSONAL GOALS FOR TODAY:

....
....
....
....
....
....
....
....
....

MY PROFESSIONAL GOALS FOR TODAY:

....
....
....
....
....
....
....
....
....
....

MY PERSONAL ACCOMPLISHMENTS TODAY:

....
....
....
....
....
....
....
....
....

MY PROFESSIONAL ACCOMPLISHMENTS TODAY:

....
....
....
....
....
....
....
....
....
....
....
....
....
....
....

DAY 6: DATE:

"Self-awareness begins with a deep sense of awareness of who and where you genuinely are, and a need for change."

I AM BLESSED

TODAY I AM MOST GRATEFUL FOR:

....
....
....
....
....
....
....

MY AFFIRMATIONS:

....
....
....
....
....
....
....
....

MY PERSONAL GOALS FOR TODAY:

....
....
....
....
....
....
....
....
....

MY PROFESSIONAL GOALS FOR TODAY:

....
....
....
....
....
....
....
....
....
....

MY PERSONAL ACCOMPLISHMENTS TODAY:

....
....
....
....
....
....
....
....
....
....

MY PROFESSIONAL ACCOMPLISHMENTS TODAY:

....
....
....
....
....
....
....
....
....
....
....
....
....
....
....

DAY 7:   **DATE:**

"The beginning of every transformation in life starts with self-awareness."

I AM BLESSED

TODAY I AM MOST GRATEFUL FOR:

....
....
....
....
....
....
....

MY AFFIRMATIONS:

....
....
....
....
....
....
....

MY PERSONAL GOALS FOR TODAY:

....
....
....
....
....
....
....
....
....

MY PROFESSIONAL GOALS FOR TODAY:

....
....
....
....
....
....
....
....
....
....

MY PERSONAL ACCOMPLISHMENTS TODAY:

....
....
....
....
....
....
....
....
....

MY PROFESSIONAL ACCOMPLISHMENTS TODAY:

....
....
....
....
....
....
....
....
....
....
....
....
....
....
....

MONTH 2:   **DATE:**

"You are destined for greatness and success."

I AM BLESSED

THIS MONTH I AM MOST GRATEFUL FOR:

....
....
....
....
....
....
....
....
....

MY AFFIRMATIONS:

....
....
....
....
....
....
....
....

MY PERSONAL GOALS FOR THIS MONTH:

....
....
....
....
....
....
....
....
....

MY PROFESSIONAL GOALS FOR THIS MONTH:

....
....
....
....
....
....
....
....
....
....

MY PERSONAL ACCOMPLISHMENTS THIS MONTH:

....
....
....
....
....
....
....
....
....
....

MY PROFESSIONAL ACCOMPLISHMENTS THIS MONTH:

....
....
....
....
....
....
....
....
....
....
....
....
....
....
....

WEEK 1:　　　　　　　　**DATE:**

"You must be able to break down the barriers of your past and present in order to access and build your life on the foundational beliefs and values that you hold."

I AM BLESSED

THIS WEEK I AM MOST GRATEFUL FOR:

....
....
....
....
....
....
....
....
....

MY AFFIRMATIONS:

....
....
....
....
....
....
....

MY PERSONAL GOALS FOR THIS WEEK:

....
....
....
....
....
....
....
....
....

MY PROFESSIONAL GOALS FOR THIS WEEK:

....
....
....
....
....
....
....
....
....
....

MY PERSONAL ACCOMPLISHMENTS THIS WEEK:

....
....
....
....
....
....
....
....
....

MY PROFESSIONAL ACCOMPLISHMENTS THIS WEEK:

....
....
....
....
....
....
....
....
....
....
....
....
....
....

DAY 1:   DATE:

"If only you can believe that you are born to thrive, then you can still succeed amidst all odds."

I AM BLESSED

TODAY I AM MOST GRATEFUL FOR:

....
....
....
....
....
....
....

MY AFFIRMATIONS:

....
....
....
....
....
....
....
....

MY PERSONAL GOALS FOR TODAY:

....
....
....
....
....
....
....
....
....

MY PROFESSIONAL GOALS FOR TODAY:

....
....
....
....
....
....
....
....
....
....

MY PERSONAL ACCOMPLISHMENTS TODAY:

....
....
....
....
....
....
....
....
....
....

MY PROFESSIONAL ACCOMPLISHMENTS TODAY:

....
....
....
....
....
....
....
....
....
....
....
....
....
....
....

DAY 2:   **DATE:**

"I am blessed with an incredible life, family, and friends."

I AM BLESSED
TODAY I AM MOST GRATEFUL FOR:

....
....
....
....
....
....
....
....

MY AFFIRMATIONS:

....
....
....
....
....
....
....
....

MY PERSONAL GOALS FOR TODAY:

....
....
....
....
....
....
....
....

MY PROFESSIONAL GOALS FOR TODAY:

....
....
....
....
....
....
....
....
....
....

MY PERSONAL ACCOMPLISHMENTS TODAY:

....
....
....
....
....
....
....
....
....
....

MY PROFESSIONAL ACCOMPLISHMENTS TODAY:

....
....
....
....
....
....
....
....
....
....
....
....
....
....
....

DAY 3: **DATE:**

"Let your vision and not your sight drive you daily; only then will you be able to live a truly fulfilling life."

I AM BLESSED

TODAY I AM MOST GRATEFUL FOR:

....
....
....
....
....
....
....
....

MY AFFIRMATIONS:

....
....
....
....
....
....
....
....

MY PERSONAL GOALS FOR TODAY:

....
....
....
....
....
....
....
....

MY PROFESSIONAL GOALS FOR TODAY:

....
....
....
....
....
....
....
....
....
....

MY PERSONAL ACCOMPLISHMENTS TODAY:

....
....
....
....
....
....
....
....
....

MY PROFESSIONAL ACCOMPLISHMENTS TODAY:

....
....
....
....
....
....
....
....
....
....
....
....
....

DAY 4:   **DATE:**

"There is no better time than now to get back on track."

I AM BLESSED

TODAY I AM MOST GRATEFUL FOR:

....
....
....
....
....
....
....

MY AFFIRMATIONS:

....
....
....
....
....
....
....
....
....

MY PERSONAL GOALS FOR TODAY:

....
....
....
....
....
....
....
....
....

MY PROFESSIONAL GOALS FOR TODAY:

....
....
....
....
....
....
....
....
....

MY PERSONAL ACCOMPLISHMENTS TODAY:

....
....
....
....
....
....
....
....

MY PROFESSIONAL ACCOMPLISHMENTS TODAY:

....
....
....
....
....
....
....
....
....
....
....
....
....

DAY 5:   **DATE:**

"Arise, wake up, walk off mediocrity, and develop yourself today."

I AM BLESSED

TODAY I AM MOST GRATEFUL FOR:

....
....
....
....
....
....
....
....

MY AFFIRMATIONS:

....
....
....
....
....
....
....
....
....

MY PERSONAL GOALS FOR TODAY:

....
....
....
....
....
....
....
....
....

MY PROFESSIONAL GOALS FOR TODAY:

....
....
....
....
....
....
....
....
....
....

MY PERSONAL ACCOMPLISHMENTS TODAY:

....
....
....
....
....
....
....
....
....
....

MY PROFESSIONAL ACCOMPLISHMENTS TODAY:

....
....
....
....
....
....
....
....
....
....
....
....
....
....
....

DAY 6:   **DATE:**

"True fulfillment and a great life of abundance and success only come when you recognize and operate in your most authentic and unique purpose."

I AM BLESSED

TODAY I AM MOST GRATEFUL FOR:

....
....
....
....
....
....
....

MY AFFIRMATIONS:

....
....
....
....
....
....
....
....

MY PERSONAL GOALS FOR TODAY:

....
....
....
....
....
....
....
....

MY PROFESSIONAL GOALS FOR TODAY:

....
....
....
....
....
....
....
....
....
....

MY PERSONAL ACCOMPLISHMENTS TODAY:

....
....
....
....
....
....
....
....
....

MY PROFESSIONAL ACCOMPLISHMENTS TODAY:

....
....
....
....
....
....
....
....
....
....
....
....
....
....

DAY 7:   **DATE:**

"I am valued, respected, and admired."

I AM BLESSED
TODAY I AM MOST GRATEFUL FOR:

....
....
....
....
....
....
....
....

MY AFFIRMATIONS:

....
....
....
....
....
....
....
....

MY PERSONAL GOALS FOR TODAY:

....
....
....
....
....
....
....
....

MY PROFESSIONAL GOALS FOR TODAY:

....
....
....
....
....
....
....
....
....

MY PERSONAL ACCOMPLISHMENTS TODAY:

....
....
....
....
....
....
....
....
....

MY PROFESSIONAL ACCOMPLISHMENTS TODAY:

....
....
....
....
....
....
....
....
....
....
....
....
....
....

WEEK 2:   **DATE:**

"Power and authority stem forth from the Divine that dwells in you and no external force is capable of conquering or suppressing it."

I AM BLESSED

THIS WEEK I AM MOST GRATEFUL FOR:

....
....
....
....
....
....
....
....
....

MY AFFIRMATIONS:

....
....
....
....
....
....
....

MY PERSONAL GOALS FOR THIS WEEK:

....
....
....
....
....
....
....
....
....

MY PROFESSIONAL GOALS FOR THIS WEEK:

....
....
....
....
....
....
....
....
....

MY PERSONAL ACCOMPLISHMENTS THIS WEEK:

....
....
....
....
....
....
....
....
....

MY PROFESSIONAL ACCOMPLISHMENTS THIS WEEK:

....
....
....
....
....
....
....
....
....
....
....
....
....
....
....

DAY 1: DATE:

"You are a victor and not a victim."

I AM BLESSED

TODAY I AM MOST GRATEFUL FOR:

....
....
....
....
....
....
....

MY AFFIRMATIONS:

....
....
....
....
....
....
....

MY PERSONAL GOALS FOR TODAY:

....
....
....
....
....
....
....
....

MY PROFESSIONAL GOALS FOR TODAY:

....
....
....
....
....
....
....
....
....

MY PERSONAL ACCOMPLISHMENTS TODAY:

....
....
....
....
....
....
....
....
....

MY PROFESSIONAL ACCOMPLISHMENTS TODAY:

....
....
....
....
....
....
....
....
....
....
....
....
....

DAY 2:   **DATE:**

"Fundamentally who you truly are is responsible for the way you deal with and overcome challenges in life."

I AM BLESSED

TODAY I AM MOST GRATEFUL FOR:

....
....
....
....
....
....
....

MY AFFIRMATIONS:

....
....
....
....
....
....
....
....

MY PERSONAL GOALS FOR TODAY:

....
....
....
....
....
....
....
....

MY PROFESSIONAL GOALS FOR TODAY:

....
....
....
....
....
....
....
....
....
....

MY PERSONAL ACCOMPLISHMENTS TODAY:

....
....
....
....
....
....
....
....
....

MY PROFESSIONAL ACCOMPLISHMENTS TODAY:

....
....
....
....
....
....
....
....
....
....
....
....
....
....

DAY 3: **DATE:**

"I hereby urge you to look within; arise, wake up, step out, and redefine who you are."

I AM BLESSED

TODAY I AM MOST GRATEFUL FOR:

....
....
....
....
....
....
....
....

MY AFFIRMATIONS:

....
....
....
....
....
....
....
....
....

MY PERSONAL GOALS FOR TODAY:

....
....
....
....
....
....
....
....
....

MY PROFESSIONAL GOALS FOR TODAY:

....
....
....
....
....
....
....
....
....
....

MY PERSONAL ACCOMPLISHMENTS TODAY:

....
....
....
....
....
....
....
....
....
....

MY PROFESSIONAL ACCOMPLISHMENTS TODAY:

....
....
....
....
....
....
....
....
....
....
....
....
....
....
....

DAY 4:   DATE:

"I love my life and all my experiences, good and bad."

I AM BLESSED

TODAY I AM MOST GRATEFUL FOR:

....
....
....
....
....
....
....

MY AFFIRMATIONS:

....
....
....
....
....
....
....
....

MY PERSONAL GOALS FOR TODAY:

....
....
....
....
....
....
....
....
....

MY PROFESSIONAL GOALS FOR TODAY:

....
....
....
....
....
....
....
....
....

MY PERSONAL ACCOMPLISHMENTS TODAY:

....
....
....
....
....
....
....
....
....

MY PROFESSIONAL ACCOMPLISHMENTS TODAY:

....
....
....
....
....
....
....
....
....
....
....
....
....

DAY 5:   **DATE:**

"Real transformation takes place only when you apply the knowledge of the truth acquired and in those areas of relevance in your life."

I AM BLESSED

TODAY I AM MOST GRATEFUL FOR:

....
....
....
....
....
....
....

MY AFFIRMATIONS:

....
....
....
....
....
....
....
....

MY PERSONAL GOALS FOR TODAY:

....
....
....
....
....
....
....
....

MY PROFESSIONAL GOALS FOR TODAY:

....
....
....
....
....
....
....
....
....

MY PERSONAL ACCOMPLISHMENTS TODAY:

....
....
....
....
....
....
....
....
....

MY PROFESSIONAL ACCOMPLISHMENTS TODAY:

....
....
....
....
....
....
....
....
....
....
....
....
....
....

DAY 6: **DATE:**

"You might not know who you are yet, but by virtue of the fact that you are human, you surely know some of the things that you are not."

I AM BLESSED

TODAY I AM MOST GRATEFUL FOR:

....
....
....
....
....
....
....

MY AFFIRMATIONS:

....
....
....
....
....
....
....
....

MY PERSONAL GOALS FOR TODAY:

....
....
....
....
....
....
....
....

MY PROFESSIONAL GOALS FOR TODAY:

....
....
....
....
....
....
....
....
....
....

MY PERSONAL ACCOMPLISHMENTS TODAY:

....
....
....
....
....
....
....
....
....
....

MY PROFESSIONAL ACCOMPLISHMENTS TODAY:

....
....
....
....
....
....
....
....
....
....
....
....
....
....
....

DAY 7:   DATE:

"When you know who you are, you are better equipped to understand that some perceived weaknesses of yours are not really weaknesses."

I AM BLESSED

TODAY I AM MOST GRATEFUL FOR:

....
....
....
....
....
....
....
....

MY AFFIRMATIONS:

....
....
....
....
....
....
....
....
....

MY PERSONAL GOALS FOR TODAY:

....
....
....
....
....
....
....
....
....

MY PROFESSIONAL GOALS FOR TODAY:

....
....
....
....
....
....
....
....
....
....

MY PERSONAL ACCOMPLISHMENTS TODAY:

....
....
....
....
....
....
....
....
....

MY PROFESSIONAL ACCOMPLISHMENTS TODAY:

....
....
....
....
....
....
....
....
....
....
....
....
....
....

WEEK 3:   **DATE:**

"I am living a glorious and fulfilling life."

I AM BLESSED

THIS WEEK I AM MOST GRATEFUL FOR:

....
....
....
....
....
....
....
....
....

MY AFFIRMATIONS:

....
....
....
....
....
....
....
....

MY PERSONAL GOALS FOR THIS WEEK:

....
....
....
....
....
....
....
....
....

MY PROFESSIONAL GOALS FOR THIS WEEK:

....
....
....
....
....
....
....
....
....
....

MY PERSONAL ACCOMPLISHMENTS THIS WEEK:

....
....
....
....
....
....
....
....
....

MY PROFESSIONAL ACCOMPLISHMENTS THIS WEEK:

....
....
....
....
....
....
....
....
....
....
....
....
....
....

DAY 1:					DATE:

"You can definitely do this."

I AM BLESSED

TODAY I AM MOST GRATEFUL FOR:

....
....
....
....
....
....
....

MY AFFIRMATIONS:

....
....
....
....
....
....
....

MY PERSONAL GOALS FOR TODAY:

....
....
....
....
....
....
....

MY PROFESSIONAL GOALS FOR TODAY:

....
....
....
....
....
....
....
....
....
....

MY PERSONAL ACCOMPLISHMENTS TODAY:

....
....
....
....
....
....
....
....
....
....

MY PROFESSIONAL ACCOMPLISHMENTS TODAY:

....
....
....
....
....
....
....
....
....
....
....
....
....
....
....

DAY 2:   **DATE:**

"You are more powerful and influential than you could ever imagine."

I AM BLESSED

TODAY I AM MOST GRATEFUL FOR:

....
....
....
....
....
....
....

MY AFFIRMATIONS:

....
....
....
....
....
....
....
....

MY PERSONAL GOALS FOR TODAY:

....
....
....
....
....
....
....
....
....

MY PROFESSIONAL GOALS FOR TODAY:

....
....
....
....
....
....
....
....
....
....

MY PERSONAL ACCOMPLISHMENTS TODAY:

....
....
....
....
....
....
....
....
....
....

MY PROFESSIONAL ACCOMPLISHMENTS TODAY:

....
....
....
....
....
....
....
....
....
....
....
....
....
....

DAY 3:   **DATE:**

"You are blessed and privileged to still be alive."

I AM BLESSED

TODAY I AM MOST GRATEFUL FOR:

....
....
....
....
....
....
....

MY AFFIRMATIONS:

....
....
....
....
....
....
....
....

MY PERSONAL GOALS FOR TODAY:

....
....
....
....
....
....
....
....
....

MY PROFESSIONAL GOALS FOR TODAY:

....
....
....
....
....
....
....
....
....
....

MY PERSONAL ACCOMPLISHMENTS TODAY:

....
....
....
....
....
....
....
....
....

MY PROFESSIONAL ACCOMPLISHMENTS TODAY:

....
....
....
....
....
....
....
....
....
....
....
....
....
....

DAY 4:   **DATE:**

"I choose to be happy as a result of the blessings I've been given."

I AM BLESSED

TODAY I AM MOST GRATEFUL FOR:

....
....
....
....
....
....
....

MY AFFIRMATIONS:

....
....
....
....
....
....
....
....

MY PERSONAL GOALS FOR TODAY:

....
....
....
....
....
....
....
....

MY PROFESSIONAL GOALS FOR TODAY:

....
....
....
....
....
....
....
....
....
....

MY PERSONAL ACCOMPLISHMENTS TODAY:

....
....
....
....
....
....
....
....
....

MY PROFESSIONAL ACCOMPLISHMENTS TODAY:

....
....
....
....
....
....
....
....
....
....
....
....
....
....
....

DAY 5:   **DATE:**

"Look ahead of you with a brand-new hope and expectation of a wonderful life."

I AM BLESSED

TODAY I AM MOST GRATEFUL FOR:

....
....
....
....
....
....
....
....

MY AFFIRMATIONS:

....
....
....
....
....
....
....
....
....
....

MY PERSONAL GOALS FOR TODAY:

....
....
....
....
....
....
....
....
....
....

MY PROFESSIONAL GOALS FOR TODAY:

....
....
....
....
....
....
....
....
....
....

MY PERSONAL ACCOMPLISHMENTS TODAY:

....
....
....
....
....
....
....
....
....

MY PROFESSIONAL ACCOMPLISHMENTS TODAY:

....
....
....
....
....
....
....
....
....
....
....
....
....
....

DAY 6:   **DATE:**

"You must do everything possible to make the conscious effort to live a happy life."

I AM BLESSED

TODAY I AM MOST GRATEFUL FOR:

....
....
....
....
....
....
....
....

MY AFFIRMATIONS:

....
....
....
....
....
....
....
....
....

MY PERSONAL GOALS FOR TODAY:

....
....
....
....
....
....
....
....
....

MY PROFESSIONAL GOALS FOR TODAY:

....
....
....
....
....
....
....
....
....
....

MY PERSONAL ACCOMPLISHMENTS TODAY:

....
....
....
....
....
....
....
....
....

MY PROFESSIONAL ACCOMPLISHMENTS TODAY:

....
....
....
....
....
....
....
....
....
....
....
....
....
....
....

DAY 7:   DATE:

"You must keep going and giving your all."

I AM BLESSED

TODAY I AM MOST GRATEFUL FOR:

....
....
....
....
....
....
....

MY AFFIRMATIONS:

....
....
....
....
....
....
....
....

MY PERSONAL GOALS FOR TODAY:

....
....
....
....
....
....
....
....

MY PROFESSIONAL GOALS FOR TODAY:

....
....
....
....
....
....
....
....
....

MY PERSONAL ACCOMPLISHMENTS TODAY:

....
....
....
....
....
....
....
....
....

MY PROFESSIONAL ACCOMPLISHMENTS TODAY:

....
....
....
....
....
....
....
....
....
....
....
....
....
....
....

WEEK 4:   **DATE:**

"You must keep pressing on and keep the faith alive."

I AM BLESSED

THIS WEEK I AM MOST GRATEFUL FOR:

....
....
....
....
....
....
....
....
....
....

MY AFFIRMATIONS:

....
....
....
....
....
....
....
....

MY PERSONAL GOALS FOR THIS WEEK:

....
....
....
....
....
....
....
....
....

MY PROFESSIONAL GOALS FOR THIS WEEK:

....
....
....
....
....
....
....
....
....
....

MY PERSONAL ACCOMPLISHMENTS THIS WEEK:

....
....
....
....
....
....
....
....
....

MY PROFESSIONAL ACCOMPLISHMENTS THIS WEEK:

....
....
....
....
....
....
....
....
....
....
....
....
....
....

DAY 1:   DATE:

"I am superior to every negative thought and mediocre action."

I AM BLESSED

TODAY I AM MOST GRATEFUL FOR:

....
....
....
....
....
....
....

MY AFFIRMATIONS:

....
....
....
....
....
....
....
....

MY PERSONAL GOALS FOR TODAY:

....
....
....
....
....
....
....
....

MY PROFESSIONAL GOALS FOR TODAY:

....
....
....
....
....
....
....
....
....

MY PERSONAL ACCOMPLISHMENTS TODAY:

....
....
....
....
....
....
....
....
....

MY PROFESSIONAL ACCOMPLISHMENTS TODAY:

....
....
....
....
....
....
....
....
....
....
....
....
....
....

DAY 2: **DATE:**

"Self-reflection gives you the ultimate opportunity to be in control again."

I AM BLESSED

TODAY I AM MOST GRATEFUL FOR:

....
....
....
....
....
....
....
....

MY AFFIRMATIONS:

....
....
....
....
....
....
....
....

MY PERSONAL GOALS FOR TODAY:

....
....
....
....
....
....
....
....

MY PROFESSIONAL GOALS FOR TODAY:

....
....
....
....
....
....
....
....
....

MY PERSONAL ACCOMPLISHMENTS TODAY:

....
....
....
....
....
....
....
....

MY PROFESSIONAL ACCOMPLISHMENTS TODAY:

....
....
....
....
....
....
....
....
....
....
....
....
....
....

DAY 3: **DATE:**

"Knowing which battles to fight and which to disregard is vital for your own sanity."

I AM BLESSED

TODAY I AM MOST GRATEFUL FOR:

....
....
....
....
....
....
....
....

MY AFFIRMATIONS:

....
....
....
....
....
....
....
....

MY PERSONAL GOALS FOR TODAY:

....
....
....
....
....
....
....
....

MY PROFESSIONAL GOALS FOR TODAY:

....
....
....
....
....
....
....
....
....

MY PERSONAL ACCOMPLISHMENTS TODAY:

....
....
....
....
....
....
....
....
....

MY PROFESSIONAL ACCOMPLISHMENTS TODAY:

....
....
....
....
....
....
....
....
....
....
....
....
....
....

DAY 4:   **DATE:**

"Wisdom is crucial and indispensable."

I AM BLESSED
TODAY I AM MOST GRATEFUL FOR:

....
....
....
....
....
....
....
....

MY AFFIRMATIONS:

....
....
....
....
....
....
....
....

MY PERSONAL GOALS FOR TODAY:

....
....
....
....
....
....
....
....

MY PROFESSIONAL GOALS FOR TODAY:

....
....
....
....
....
....
....
....
....

MY PERSONAL ACCOMPLISHMENTS TODAY:

....
....
....
....
....
....
....
....
....

MY PROFESSIONAL ACCOMPLISHMENTS TODAY:

....
....
....
....
....
....
....
....
....
....
....
....
....
....

DAY 5: **DATE:**

"Challenges are an opportunity to be still and search inwardly."

I AM BLESSED

TODAY I AM MOST GRATEFUL FOR:

....
....
....
....
....
....
....

MY AFFIRMATIONS:

....
....
....
....
....
....
....

MY PERSONAL GOALS FOR TODAY:

....
....
....
....
....
....
....
....

MY PROFESSIONAL GOALS FOR TODAY:

....
....
....
....
....
....
....
....
....
....

MY PERSONAL ACCOMPLISHMENTS TODAY:

....
....
....
....
....
....
....
....
....

MY PROFESSIONAL ACCOMPLISHMENTS TODAY:

....
....
....
....
....
....
....
....
....
....
....
....
....
....

DAY 6:   **DATE:**

"My mind is brilliant, and my soul is tranquil."

I AM BLESSED

TODAY I AM MOST GRATEFUL FOR:

....
....
....
....
....
....
....
....

MY AFFIRMATIONS:

....
....
....
....
....
....
....
....

MY PERSONAL GOALS FOR TODAY:

....
....
....
....
....
....
....
....

MY PROFESSIONAL GOALS FOR TODAY:

....
....
....
....
....
....
....
....
....

MY PERSONAL ACCOMPLISHMENTS TODAY:

....
....
....
....
....
....
....
....
....

MY PROFESSIONAL ACCOMPLISHMENTS TODAY:

....
....
....
....
....
....
....
....
....
....
....
....
....

DAY 7:   **DATE:**

"There needs to be a mind shift from problem to solution."

I AM BLESSED

TODAY I AM MOST GRATEFUL FOR:

....
....
....
....
....
....
....
....

MY AFFIRMATIONS:

....
....
....
....
....
....
....
....

MY PERSONAL GOALS FOR TODAY:

....
....
....
....
....
....
....
....
....

MY PROFESSIONAL GOALS FOR TODAY:

....
....
....
....
....
....
....
....
....

MY PERSONAL ACCOMPLISHMENTS TODAY:

....
....
....
....
....
....
....
....
....

MY PROFESSIONAL ACCOMPLISHMENTS TODAY:

....
....
....
....
....
....
....
....
....
....
....
....
....
....

WEEK 5:   **DATE:**

"The beginning of every transformation starts with awareness."

I AM BLESSED

THIS WEEK I AM MOST GRATEFUL FOR:

....
....
....
....
....
....
....
....
....

MY AFFIRMATIONS:

....
....
....
....
....
....
....

MY PERSONAL GOALS FOR THIS WEEK:

....
....
....
....
....
....
....
....
....

MY PROFESSIONAL GOALS FOR THIS WEEK:

....
....
....
....
....
....
....
....
....

MY PERSONAL ACCOMPLISHMENTS THIS WEEK:

....
....
....
....
....
....
....
....
....

MY PROFESSIONAL ACCOMPLISHMENTS THIS WEEK:

....
....
....
....
....
....
....
....
....
....
....
....
....
....

DAY 1:   **DATE:**

"The starting point should be a true in-depth knowledge of yourself."

I AM BLESSED

TODAY I AM MOST GRATEFUL FOR:

....
....
....
....
....
....
....

MY AFFIRMATIONS:

....
....
....
....
....
....
....

MY PERSONAL GOALS FOR TODAY:

....
....
....
....
....
....
....
....

MY PROFESSIONAL GOALS FOR TODAY:

....
....
....
....
....
....
....
....
....

MY PERSONAL ACCOMPLISHMENTS TODAY:

....
....
....
....
....
....
....
....
....

MY PROFESSIONAL ACCOMPLISHMENTS TODAY:

....
....
....
....
....
....
....
....
....
....
....
....
....
....

DAY 2:   **DATE:**

"Your perspective needs to shift from the challenge to you."

I AM BLESSED

TODAY I AM MOST GRATEFUL FOR:

....
....
....
....
....
....
....

MY AFFIRMATIONS:

....
....
....
....
....
....
....

MY PERSONAL GOALS FOR TODAY:

....
....
....
....
....
....
....
....

MY PROFESSIONAL GOALS FOR TODAY:

....
....
....
....
....
....
....
....
....
....

MY PERSONAL ACCOMPLISHMENTS TODAY:

....
....
....
....
....
....
....
....
....
....

MY PROFESSIONAL ACCOMPLISHMENTS TODAY:

....
....
....
....
....
....
....
....
....
....
....
....
....
....
....

DAY 3:   **DATE:**

"I am serene, happy, and content, just as I am."

I AM BLESSED
TODAY I AM MOST GRATEFUL FOR:

....
....
....
....
....
....
....

MY AFFIRMATIONS:

....
....
....
....
....
....
....

MY PERSONAL GOALS FOR TODAY:

....
....
....
....
....
....
....

MY PROFESSIONAL GOALS FOR TODAY:

....
....
....
....
....
....
....
....
....
....

MY PERSONAL ACCOMPLISHMENTS TODAY:

....
....
....
....
....
....
....
....
....

MY PROFESSIONAL ACCOMPLISHMENTS TODAY:

....
....
....
....
....
....
....
....
....
....
....
....
....
....
....

DAY 4:   **DATE:**

"You are a totality of your past, present, and future."

I AM BLESSED
TODAY I AM MOST GRATEFUL FOR:

....
....
....
....
....
....
....

MY AFFIRMATIONS:

....
....
....
....
....
....
....
....

MY PERSONAL GOALS FOR TODAY:

....
....
....
....
....
....
....
....
....

MY PROFESSIONAL GOALS FOR TODAY:

....
....
....
....
....
....
....
....
....
....

MY PERSONAL ACCOMPLISHMENTS TODAY:

....
....
....
....
....
....
....
....

MY PROFESSIONAL ACCOMPLISHMENTS TODAY:

....
....
....
....
....
....
....
....
....
....
....
....
....
....

DAY 5: **DATE:**

"You determine how you respond to challenges."

I AM BLESSED

TODAY I AM MOST GRATEFUL FOR:

....
....
....
....
....
....
....
....

MY AFFIRMATIONS:

....
....
....
....
....
....
....
....

MY PERSONAL GOALS FOR TODAY:

....
....
....
....
....
....
....
....

MY PROFESSIONAL GOALS FOR TODAY:

....
....
....
....
....
....
....
....
....

MY PERSONAL ACCOMPLISHMENTS TODAY:

....
....
....
....
....
....
....
....
....

MY PROFESSIONAL ACCOMPLISHMENTS TODAY:

....
....
....
....
....
....
....
....
....
....
....
....
....
....
....

DAY 6: **DATE:**

"Let who you are equip and enable you with the power and desire to change your circumstances to your advantage."

I AM BLESSED

TODAY I AM MOST GRATEFUL FOR:

....
....
....
....
....
....
....
....

MY AFFIRMATIONS:

....
....
....
....
....
....
....
....

MY PERSONAL GOALS FOR TODAY:

....
....
....
....
....
....
....
....

MY PROFESSIONAL GOALS FOR TODAY:

....
....
....
....
....
....
....
....
....
....

MY PERSONAL ACCOMPLISHMENTS TODAY:

....
....
....
....
....
....
....
....
....

MY PROFESSIONAL ACCOMPLISHMENTS TODAY:

....
....
....
....
....
....
....
....
....
....
....
....
....
....

DAY 7:   **DATE:**

"There is a great story to be told."

I AM BLESSED

TODAY I AM MOST GRATEFUL FOR:

....
....
....
....
....
....
....

MY AFFIRMATIONS:

....
....
....
....
....
....
....

MY PERSONAL GOALS FOR TODAY:

....
....
....
....
....
....
....
....

MY PROFESSIONAL GOALS FOR TODAY:

....
....
....
....
....
....
....
....
....

MY PERSONAL ACCOMPLISHMENTS TODAY:

....
....
....
....
....
....
....
....
....

MY PROFESSIONAL ACCOMPLISHMENTS TODAY:

....
....
....
....
....
....
....
....
....
....
....
....
....
....

MONTH 3: **DATE:**

"I appreciate every moment and let go of the hurt of the past."

I AM BLESSED

THIS MONTH I AM MOST GRATEFUL FOR:

....
....
....
....
....
....
....
....
....

MY AFFIRMATIONS:

....
....
....
....
....
....
....

MY PERSONAL GOALS FOR THIS MONTH:

....
....
....
....
....
....
....
....
....

MY PROFESSIONAL GOALS FOR THIS MONTH:

....
....
....
....
....
....
....
....
....
....

MY PERSONAL ACCOMPLISHMENTS THIS MONTH:

....
....
....
....
....
....
....
....
....
....

MY PROFESSIONAL ACCOMPLISHMENTS THIS MONTH:

....
....
....
....
....
....
....
....
....
....
....
....
....
....
....

WEEK 1:   **DATE:**

"You must speak words that authentically describe you and that which you would want to hear about yourself."

I AM BLESSED

THIS WEEK I AM MOST GRATEFUL FOR:

....
....
....
....
....
....
....
....
....

MY AFFIRMATIONS:

....
....
....
....
....
....
....

MY PERSONAL GOALS FOR THIS WEEK:

....
....
....
....
....
....
....
....
....

MY PROFESSIONAL GOALS FOR THIS WEEK:

....
....
....
....
....
....
....
....
....

MY PERSONAL ACCOMPLISHMENTS THIS WEEK:

....
....
....
....
....
....
....
....
....

MY PROFESSIONAL ACCOMPLISHMENTS THIS WEEK:

....
....
....
....
....
....
....
....
....
....
....
....
....
....

DAY 1:					DATE:

"By changing your perspective, the solution unfolds, leading to peaceful resolution."

I AM BLESSED

TODAY I AM MOST GRATEFUL FOR:

....
....
....
....
....
....
....

MY AFFIRMATIONS:

....
....
....
....
....
....
....
....

MY PERSONAL GOALS FOR TODAY:

....
....
....
....
....
....
....
....

MY PROFESSIONAL GOALS FOR TODAY:

....
....
....
....
....
....
....
....
....
....
....

MY PERSONAL ACCOMPLISHMENTS TODAY:

....
....
....
....
....
....
....
....
....

MY PROFESSIONAL ACCOMPLISHMENTS TODAY:

....
....
....
....
....
....
....
....
....
....
....
....
....
....

DAY 2:   **DATE:**

"There is incredible power in focusing."

I AM BLESSED

TODAY I AM MOST GRATEFUL FOR:

....
....
....
....
....
....
....
....

MY AFFIRMATIONS:

....
....
....
....
....
....
....
....
....

MY PERSONAL GOALS FOR TODAY:

....
....
....
....
....
....
....
....
....

MY PROFESSIONAL GOALS FOR TODAY:

....
....
....
....
....
....
....
....
....
....

MY PERSONAL ACCOMPLISHMENTS TODAY:

....
....
....
....
....
....
....
....
....

MY PROFESSIONAL ACCOMPLISHMENTS TODAY:

....
....
....
....
....
....
....
....
....
....
....
....
....
....
....

DAY 3:   **DATE:**

"I am very grateful for this moment."

I AM BLESSED

TODAY I AM MOST GRATEFUL FOR:

....
....
....
....
....
....
....

MY AFFIRMATIONS:

....
....
....
....
....
....
....

MY PERSONAL GOALS FOR TODAY:

....
....
....
....
....
....
....
....

MY PROFESSIONAL GOALS FOR TODAY:

....
....
....
....
....
....
....
....
....

MY PERSONAL ACCOMPLISHMENTS TODAY:

....
....
....
....
....
....
....
....
....

MY PROFESSIONAL ACCOMPLISHMENTS TODAY:

....
....
....
....
....
....
....
....
....
....
....
....
....
....

DAY 4:   **DATE:**

"You must be mindful at all times."

I AM BLESSED

TODAY I AM MOST GRATEFUL FOR:

....
....
....
....
....
....
....

MY AFFIRMATIONS:

....
....
....
....
....
....
....

MY PERSONAL GOALS FOR TODAY:

....
....
....
....
....
....
....
....

MY PROFESSIONAL GOALS FOR TODAY:

....
....
....
....
....
....
....
....
....

MY PERSONAL ACCOMPLISHMENTS TODAY:

....
....
....
....
....
....
....
....
....

MY PROFESSIONAL ACCOMPLISHMENTS TODAY:

....
....
....
....
....
....
....
....
....
....
....
....
....

DAY 5:   **DATE:**

"In the midst of adversity, I urge you to focus all your strength and undivided attention and energy on the solution."

I AM BLESSED

TODAY I AM MOST GRATEFUL FOR:

....
....
....
....
....
....
....

MY AFFIRMATIONS:

....
....
....
....
....
....
....
....
....

MY PERSONAL GOALS FOR TODAY:

....
....
....
....
....
....
....
....

MY PROFESSIONAL GOALS FOR TODAY:

....
....
....
....
....
....
....
....
....
....

MY PERSONAL ACCOMPLISHMENTS TODAY:

....
....
....
....
....
....
....
....

MY PROFESSIONAL ACCOMPLISHMENTS TODAY:

....
....
....
....
....
....
....
....
....
....
....
....
....
....

DAY 6:   **DATE:**

"Your conscious mind needs to be activated until a more positive mindset becomes automatic."

I AM BLESSED

TODAY I AM MOST GRATEFUL FOR:

....
....
....
....
....
....
....
....

MY AFFIRMATIONS:

....
....
....
....
....
....
....
....

MY PERSONAL GOALS FOR TODAY:

....
....
....
....
....
....
....
....

MY PROFESSIONAL GOALS FOR TODAY:

MY PERSONAL ACCOMPLISHMENTS TODAY:

MY PROFESSIONAL ACCOMPLISHMENTS TODAY:

DAY 7:   **DATE:**

"Your focus needs to be on all that you would rather be at the present moment and not on your past or current hardships."

I AM BLESSED

TODAY I AM MOST GRATEFUL FOR:

....
....
....
....
....
....
....
....

MY AFFIRMATIONS:

....
....
....
....
....
....
....
....

MY PERSONAL GOALS FOR TODAY:

....
....
....
....
....
....
....
....

MY PROFESSIONAL GOALS FOR TODAY:

....
....
....
....
....
....
....
....
....

MY PERSONAL ACCOMPLISHMENTS TODAY:

....
....
....
....
....
....
....
....
....

MY PROFESSIONAL ACCOMPLISHMENTS TODAY:

....
....
....
....
....
....
....
....
....
....
....
....
....
....

WEEK 2: **DATE:**

"Your undiluted attention should be on that which will take you away from the challenge."

I AM BLESSED

THIS WEEK I AM MOST GRATEFUL FOR:

....
....
....
....
....
....
....
....
....
....

MY AFFIRMATIONS:

....
....
....
....
....
....
....
....

MY PERSONAL GOALS FOR THIS WEEK:

....
....
....
....
....
....
....
....
....
....

MY PROFESSIONAL GOALS FOR THIS WEEK:

....
....
....
....
....
....
....
....
....
....

MY PERSONAL ACCOMPLISHMENTS THIS WEEK:

....
....
....
....
....
....
....
....
....

MY PROFESSIONAL ACCOMPLISHMENTS THIS WEEK:

....
....
....
....
....
....
....
....
....
....
....
....
....
....

DAY 1:   DATE:

"Being in a state of harmony and calmness energizes my whole being."

I AM BLESSED

TODAY I AM MOST GRATEFUL FOR:

....
....
....
....
....
....
....
....

MY AFFIRMATIONS:

....
....
....
....
....
....
....
....

MY PERSONAL GOALS FOR TODAY:

....
....
....
....
....
....
....
....

MY PROFESSIONAL GOALS FOR TODAY:

....
....
....
....
....
....
....
....
....
....

MY PERSONAL ACCOMPLISHMENTS TODAY:

....
....
....
....
....
....
....
....
....

MY PROFESSIONAL ACCOMPLISHMENTS TODAY:

....
....
....
....
....
....
....
....
....
....
....
....
....
....

DAY 2:   **DATE:**

"Focusing on your goals gives you a new energy to kick-start your journey towards victory and success."

I AM BLESSED

TODAY I AM MOST GRATEFUL FOR:

....
....
....
....
....
....
....

MY AFFIRMATIONS:

....
....
....
....
....
....
....
....

MY PERSONAL GOALS FOR TODAY:

....
....
....
....
....
....
....
....

MY PROFESSIONAL GOALS FOR TODAY:

....
....
....
....
....
....
....
....
....
....
....

MY PERSONAL ACCOMPLISHMENTS TODAY:

....
....
....
....
....
....
....
....
....

MY PROFESSIONAL ACCOMPLISHMENTS TODAY:

....
....
....
....
....
....
....
....
....
....
....
....
....
....

DAY 3:   **DATE:**

"Who we truly are is not defined by our qualifications or titles."

I AM BLESSED

TODAY I AM MOST GRATEFUL FOR:

....
....
....
....
....
....
....

MY AFFIRMATIONS:

....
....
....
....
....
....
....
....

MY PERSONAL GOALS FOR TODAY:

....
....
....
....
....
....
....
....

MY PROFESSIONAL GOALS FOR TODAY:

....
....
....
....
....
....
....
....
....
....

MY PERSONAL ACCOMPLISHMENTS TODAY:

....
....
....
....
....
....
....
....
....

MY PROFESSIONAL ACCOMPLISHMENTS TODAY:

....
....
....
....
....
....
....
....
....
....
....
....
....
....
....

DAY 4:   **DATE:**

"I am beautifully and wonderfully made."

I AM BLESSED

TODAY I AM MOST GRATEFUL FOR:

....
....
....
....
....
....
....

MY AFFIRMATIONS:

....
....
....
....
....
....
....
....

MY PERSONAL GOALS FOR TODAY:

....
....
....
....
....
....
....
....
....

MY PROFESSIONAL GOALS FOR TODAY:

....
....
....
....
....
....
....
....
....
....

MY PERSONAL ACCOMPLISHMENTS TODAY:

....
....
....
....
....
....
....
....
....

MY PROFESSIONAL ACCOMPLISHMENTS TODAY:

....
....
....
....
....
....
....
....
....
....
....
....
....
....

DAY 5: **DATE:**

"You can achieve all that you desire to achieve."

I AM BLESSED

TODAY I AM MOST GRATEFUL FOR:

....
....
....
....
....
....
....
....

MY AFFIRMATIONS:

....
....
....
....
....
....
....
....
....

MY PERSONAL GOALS FOR TODAY:

....
....
....
....
....
....
....
....
....

MY PROFESSIONAL GOALS FOR TODAY:

....
....
....
....
....
....
....
....
....
....

MY PERSONAL ACCOMPLISHMENTS TODAY:

....
....
....
....
....
....
....
....
....
....

MY PROFESSIONAL ACCOMPLISHMENTS TODAY:

....
....
....
....
....
....
....
....
....
....
....
....

DAY 6: **DATE:**

"Focus births within you a new passion, energy, and desire for victory, inner strength, resilience and peace."

I AM BLESSED

TODAY I AM MOST GRATEFUL FOR:

....
....
....
....
....
....
....

MY AFFIRMATIONS:

....
....
....
....
....
....
....
....

MY PERSONAL GOALS FOR TODAY:

....
....
....
....
....
....
....
....

MY PROFESSIONAL GOALS FOR TODAY:

....
....
....
....
....
....
....
....
....
....

MY PERSONAL ACCOMPLISHMENTS TODAY:

....
....
....
....
....
....
....
....
....
....

MY PROFESSIONAL ACCOMPLISHMENTS TODAY:

....
....
....
....
....
....
....
....
....
....
....
....
....
....
....

DAY 7:   DATE:

"Your past does not define you – you vision/purpose does."

I AM BLESSED

TODAY I AM MOST GRATEFUL FOR:

....
....
....
....
....
....
....
....

MY AFFIRMATIONS:

....
....
....
....
....
....
....
....

MY PERSONAL GOALS FOR TODAY:

....
....
....
....
....
....
....
....

MY PROFESSIONAL GOALS FOR TODAY:

....
....
....
....
....
....
....
....
....

MY PERSONAL ACCOMPLISHMENTS TODAY:

....
....
....
....
....
....
....
....
....

MY PROFESSIONAL ACCOMPLISHMENTS TODAY:

....
....
....
....
....
....
....
....
....
....
....
....
....
....
....

WEEK 3:   **DATE:**

"Say no to all manner of labels that are beneath greatness, success, and your vision."

I AM BLESSED

THIS WEEK I AM MOST GRATEFUL FOR:

....
....
....
....
....
....
....
....
....
....

MY AFFIRMATIONS:

....
....
....
....
....
....
....

MY PERSONAL GOALS FOR THIS WEEK:

....
....
....
....
....
....
....
....
....

MY PROFESSIONAL GOALS FOR THIS WEEK:

....
....
....
....
....
....
....
....
....
....

MY PERSONAL ACCOMPLISHMENTS THIS WEEK:

....
....
....
....
....
....
....
....
....

MY PROFESSIONAL ACCOMPLISHMENTS THIS WEEK:

....
....
....
....
....
....
....
....
....
....
....
....
....
....

DAY 1:   **DATE:**

"Your present condition and circumstances do not and will never define you."

I AM BLESSED
TODAY I AM MOST GRATEFUL FOR:

....
....
....
....
....
....
....

MY AFFIRMATIONS:

....
....
....
....
....
....
....
....

MY PERSONAL GOALS FOR TODAY:

....
....
....
....
....
....
....
....
....

MY PROFESSIONAL GOALS FOR TODAY:

....
....
....
....
....
....
....
....
....
....

MY PERSONAL ACCOMPLISHMENTS TODAY:

....
....
....
....
....
....
....
....
....

MY PROFESSIONAL ACCOMPLISHMENTS TODAY:

....
....
....
....
....
....
....
....
....
....
....
....
....
....
....

DAY 2: **DATE:**

"I can perceive and control my emotions without getting attached to them."

I AM BLESSED

TODAY I AM MOST GRATEFUL FOR:

....
....
....
....
....
....
....

MY AFFIRMATIONS:

....
....
....
....
....
....
....

MY PERSONAL GOALS FOR TODAY:

....
....
....
....
....
....
....
....

MY PROFESSIONAL GOALS FOR TODAY:

....
....
....
....
....
....
....
....
....
....

MY PERSONAL ACCOMPLISHMENTS TODAY:

....
....
....
....
....
....
....
....
....
....

MY PROFESSIONAL ACCOMPLISHMENTS TODAY:

....
....
....
....
....
....
....
....
....
....
....
....
....
....

DAY 3:   **DATE:**

"Even in the midst of my greatest weaknesses, I am a conqueror."

I AM BLESSED
TODAY I AM MOST GRATEFUL FOR:

....
....
....
....
....
....
....

MY AFFIRMATIONS:

....
....
....
....
....
....
....
....

MY PERSONAL GOALS FOR TODAY:

....
....
....
....
....
....
....
....
....

MY PROFESSIONAL GOALS FOR TODAY:

....
....
....
....
....
....
....
....
....
....
....

MY PERSONAL ACCOMPLISHMENTS TODAY:

....
....
....
....
....
....
....
....
....

MY PROFESSIONAL ACCOMPLISHMENTS TODAY:

....
....
....
....
....
....
....
....
....
....
....
....
....
....

DAY 4: **DATE:**

"I can overcome and defeat stress of any kind."

I AM BLESSED

TODAY I AM MOST GRATEFUL FOR:

....
....
....
....
....
....
....

MY AFFIRMATIONS:

....
....
....
....
....
....
....
....

MY PERSONAL GOALS FOR TODAY:

....
....
....
....
....
....
....
....

MY PROFESSIONAL GOALS FOR TODAY:

....
....
....
....
....
....
....
....
....
....

MY PERSONAL ACCOMPLISHMENTS TODAY:

....
....
....
....
....
....
....
....
....

MY PROFESSIONAL ACCOMPLISHMENTS TODAY:

....
....
....
....
....
....
....
....
....
....
....
....
....
....

DAY 5:   **DATE:**

"Once you have access to your passion and the things you enjoy doing, you begin enjoying life and living more authentically."

I AM BLESSED

TODAY I AM MOST GRATEFUL FOR:

....
....
....
....
....
....
....

MY AFFIRMATIONS:

....
....
....
....
....
....
....
....

MY PERSONAL GOALS FOR TODAY:

....
....
....
....
....
....
....
....

MY PROFESSIONAL GOALS FOR TODAY:

....
....
....
....
....
....
....
....
....
....

MY PERSONAL ACCOMPLISHMENTS TODAY:

....
....
....
....
....
....
....
....
....
....

MY PROFESSIONAL ACCOMPLISHMENTS TODAY:

....
....
....
....
....
....
....
....
....
....
....
....
....
....

DAY 6:   **DATE:**

"This new energy, called passion, births in you a new drive and energy for living and enjoying life fully."

I AM BLESSED

TODAY I AM MOST GRATEFUL FOR:

....
....
....
....
....
....
....

MY AFFIRMATIONS:

....
....
....
....
....
....
....
....

MY PERSONAL GOALS FOR TODAY:

....
....
....
....
....
....
....
....
....

MY PROFESSIONAL GOALS FOR TODAY:

....
....
....
....
....
....
....
....
....
....

MY PERSONAL ACCOMPLISHMENTS TODAY:

....
....
....
....
....
....
....
....
....
....

MY PROFESSIONAL ACCOMPLISHMENTS TODAY:

....
....
....
....
....
....
....
....
....
....
....
....
....
....
....

DAY 7: **DATE:**

"You are destined for greatness."

I AM BLESSED

TODAY I AM MOST GRATEFUL FOR:

....
....
....
....
....
....
....
....

MY AFFIRMATIONS:

....
....
....
....
....
....
....
....

MY PERSONAL GOALS FOR TODAY:

....
....
....
....
....
....
....
....
....

MY PROFESSIONAL GOALS FOR TODAY:

....
....
....
....
....
....
....
....
....

MY PERSONAL ACCOMPLISHMENTS TODAY:

....
....
....
....
....
....
....
....
....

MY PROFESSIONAL ACCOMPLISHMENTS TODAY:

....
....
....
....
....
....
....
....
....
....
....
....
....
....

WEEK 4: **DATE:**

"You need to amplify your strengths."

I AM BLESSED

THIS WEEK I AM MOST GRATEFUL FOR:

....
....
....
....
....
....
....
....
....
....

MY AFFIRMATIONS:

....
....
....
....
....
....
....
....

MY PERSONAL GOALS FOR THIS WEEK:

....
....
....
....
....
....
....
....
....

MY PROFESSIONAL GOALS FOR THIS WEEK:

....
....
....
....
....
....
....
....
....
....

MY PERSONAL ACCOMPLISHMENTS THIS WEEK:

....
....
....
....
....
....
....
....
....
....

MY PROFESSIONAL ACCOMPLISHMENTS THIS WEEK:

....
....
....
....
....
....
....
....
....
....
....
....
....
....
....
....

DAY 1:   DATE:

"You have the potential and ability to choose and hold on to the way you want and desire to be treated."

I AM BLESSED

TODAY I AM MOST GRATEFUL FOR:

....
....
....
....
....
....
....

MY AFFIRMATIONS:

....
....
....
....
....
....
....
....

MY PERSONAL GOALS FOR TODAY:

....
....
....
....
....
....
....
....

MY PROFESSIONAL GOALS FOR TODAY:

....
....
....
....
....
....
....
....
....
....

MY PERSONAL ACCOMPLISHMENTS TODAY:

....
....
....
....
....
....
....
....
....
....

MY PROFESSIONAL ACCOMPLISHMENTS TODAY:

....
....
....
....
....
....
....
....
....
....
....
....
....
....
....
....

DAY 2:   **DATE:**

"You need to instruct your mind; speak to your mind and give it what you want it to believe about yourself."

I AM BLESSED

TODAY I AM MOST GRATEFUL FOR:

....
....
....
....
....
....
....
....

MY AFFIRMATIONS:

....
....
....
....
....
....
....
....

MY PERSONAL GOALS FOR TODAY:

....
....
....
....
....
....
....
....

MY PROFESSIONAL GOALS FOR TODAY:

....
....
....
....
....
....
....
....
....
....

MY PERSONAL ACCOMPLISHMENTS TODAY:

....
....
....
....
....
....
....
....
....
....

MY PROFESSIONAL ACCOMPLISHMENTS TODAY:

....
....
....
....
....
....
....
....
....
....
....
....
....
....

DAY 3:   **DATE:**

"Never seek other people's opinions about your identity."

I AM BLESSED

TODAY I AM MOST GRATEFUL FOR:

....
....
....
....
....
....
....

MY AFFIRMATIONS:

....
....
....
....
....
....
....
....

MY PERSONAL GOALS FOR TODAY:

....
....
....
....
....
....
....
....

MY PROFESSIONAL GOALS FOR TODAY:

....
....
....
....
....
....
....
....
....
....

MY PERSONAL ACCOMPLISHMENTS TODAY:

....
....
....
....
....
....
....
....
....
....

MY PROFESSIONAL ACCOMPLISHMENTS TODAY:

....
....
....
....
....
....
....
....
....
....
....
....
....
....
....
....

DAY 4:   **DATE:**

"Do not give others the right or permission to tell you who you are or tell your story."

I AM BLESSED

TODAY I AM MOST GRATEFUL FOR:

....
....
....
....
....
....
....

MY AFFIRMATIONS:

....
....
....
....
....
....
....
....

MY PERSONAL GOALS FOR TODAY:

....
....
....
....
....
....
....
....

MY PROFESSIONAL GOALS FOR TODAY:

....
....
....
....
....
....
....
....
....
....

MY PERSONAL ACCOMPLISHMENTS TODAY:

....
....
....
....
....
....
....
....
....
....

MY PROFESSIONAL ACCOMPLISHMENTS TODAY:

....
....
....
....
....
....
....
....
....
....
....
....
....
....
....

DAY 5:   **DATE:**

"You never move forward by moving back or looking behind you."

I AM BLESSED

TODAY I AM MOST GRATEFUL FOR:

....
....
....
....
....
....
....
....

MY AFFIRMATIONS:

....
....
....
....
....
....
....
....
....

MY PERSONAL GOALS FOR TODAY:

....
....
....
....
....
....
....
....
....

MY PROFESSIONAL GOALS FOR TODAY:

....
....
....
....
....
....
....
....
....
....

MY PERSONAL ACCOMPLISHMENTS TODAY:

....
....
....
....
....
....
....
....
....
....

MY PROFESSIONAL ACCOMPLISHMENTS TODAY:

....
....
....
....
....
....
....
....
....
....
....
....
....
....
....

DAY 6:   **DATE:**

"You move forward by looking ahead of you where the journey leads."

I AM BLESSED

TODAY I AM MOST GRATEFUL FOR:

....
....
....
....
....
....
....

MY AFFIRMATIONS:

....
....
....
....
....
....
....
....

MY PERSONAL GOALS FOR TODAY:

....
....
....
....
....
....
....
....

MY PROFESSIONAL GOALS FOR TODAY:

....
....
....
....
....
....
....
....
....

MY PERSONAL ACCOMPLISHMENTS TODAY:

....
....
....
....
....
....
....
....
....

MY PROFESSIONAL ACCOMPLISHMENTS TODAY:

....
....
....
....
....
....
....
....
....
....
....
....
....
....

DAY 7: **DATE:**

"Keep your eyes focused on the vision, the destination, the finale!"

I AM BLESSED
TODAY I AM MOST GRATEFUL FOR:

....
....
....
....
....
....
....

MY AFFIRMATIONS:

....
....
....
....
....
....
....
....

MY PERSONAL GOALS FOR TODAY:

....
....
....
....
....
....
....
....
....

MY PROFESSIONAL GOALS FOR TODAY:

....
....
....
....
....
....
....
....
....
....

MY PERSONAL ACCOMPLISHMENTS TODAY:

....
....
....
....
....
....
....
....
....
....

MY PROFESSIONAL ACCOMPLISHMENTS TODAY:

....
....
....
....
....
....
....
....
....
....
....
....
....
....
....

WEEK 5:   **DATE:**

"Your vision should be your ultimate focus and definition of your true self and purpose."

I AM BLESSED

THIS WEEK I AM MOST GRATEFUL FOR:

....
....
....
....
....
....
....
....
....
....

MY AFFIRMATIONS:

....
....
....
....
....
....
....
....

MY PERSONAL GOALS FOR THIS WEEK:

....
....
....
....
....
....
....
....
....
....

MY PROFESSIONAL GOALS FOR THIS WEEK:

....
....
....
....
....
....
....
....
....
....

MY PERSONAL ACCOMPLISHMENTS THIS WEEK:

....
....
....
....
....
....
....
....
....

MY PROFESSIONAL ACCOMPLISHMENTS THIS WEEK:

....
....
....
....
....
....
....
....
....
....
....
....
....
....
....

DAY 1: DATE:

"You must see outside the box."

I AM BLESSED

TODAY I AM MOST GRATEFUL FOR:

....
....
....
....
....
....
....

MY AFFIRMATIONS:

....
....
....
....
....
....
....

MY PERSONAL GOALS FOR TODAY:

....
....
....
....
....
....
....
....
....

MY PROFESSIONAL GOALS FOR TODAY:

....
....
....
....
....
....
....
....
....

MY PERSONAL ACCOMPLISHMENTS TODAY:

....
....
....
....
....
....
....
....
....

MY PROFESSIONAL ACCOMPLISHMENTS TODAY:

....
....
....
....
....
....
....
....
....
....
....
....
....
....
....

DAY 2:   **DATE:**

"You are so much more than the challenge you are going through right now."

I AM BLESSED

TODAY I AM MOST GRATEFUL FOR:

....
....
....
....
....
....
....

MY AFFIRMATIONS:

....
....
....
....
....
....
....
....

MY PERSONAL GOALS FOR TODAY:

....
....
....
....
....
....
....
....

MY PROFESSIONAL GOALS FOR TODAY:

....
....
....
....
....
....
....
....
....
....

MY PERSONAL ACCOMPLISHMENTS TODAY:

....
....
....
....
....
....
....
....
....

MY PROFESSIONAL ACCOMPLISHMENTS TODAY:

....
....
....
....
....
....
....
....
....
....
....
....
....
....
....

DAY 3: **DATE:**

"You must position yourself at a higher altitude in order to see your vision clearly."

I AM BLESSED

TODAY I AM MOST GRATEFUL FOR:

....
....
....
....
....
....
....

MY AFFIRMATIONS:

....
....
....
....
....
....
....
....

MY PERSONAL GOALS FOR TODAY:

....
....
....
....
....
....
....
....
....

MY PROFESSIONAL GOALS FOR TODAY:

....
....
....
....
....
....
....
....
....
....

MY PERSONAL ACCOMPLISHMENTS TODAY:

....
....
....
....
....
....
....
....
....

MY PROFESSIONAL ACCOMPLISHMENTS TODAY:

....
....
....
....
....
....
....
....
....
....
....
....
....
....
....

DAY 4: **DATE:**

"Knowing who you are births unwavering confidence that makes you courageous and fearless and opens up endless doors."

I AM BLESSED

TODAY I AM MOST GRATEFUL FOR:

....
....
....
....
....
....
....
....

MY AFFIRMATIONS:

....
....
....
....
....
....
....
....

MY PERSONAL GOALS FOR TODAY:

....
....
....
....
....
....
....
....

MY PROFESSIONAL GOALS FOR TODAY:

....
....
....
....
....
....
....
....
....
....

MY PERSONAL ACCOMPLISHMENTS TODAY:

....
....
....
....
....
....
....
....
....

MY PROFESSIONAL ACCOMPLISHMENTS TODAY:

....
....
....
....
....
....
....
....
....
....
....
....
....
....

DAY 5:   **DATE:**

"I became comfortable with making mistakes in order to learn and to fall so I may be able to rise up again."

I AM BLESSED

TODAY I AM MOST GRATEFUL FOR:

....
....
....
....
....
....
....

MY AFFIRMATIONS:

....
....
....
....
....
....
....
....

MY PERSONAL GOALS FOR TODAY:

....
....
....
....
....
....
....
....
....

MY PROFESSIONAL GOALS FOR TODAY:

....
....
....
....
....
....
....
....
....
....

MY PERSONAL ACCOMPLISHMENTS TODAY:

....
....
....
....
....
....
....
....
....
....

MY PROFESSIONAL ACCOMPLISHMENTS TODAY:

....
....
....
....
....
....
....
....
....
....
....
....
....
....
....
....

DAY 6:   **DATE:**

"Every fall or mistake is a priceless opportunity to learn and gain more knowledge and wisdom."

I AM BLESSED

TODAY I AM MOST GRATEFUL FOR:

....
....
....
....
....
....
....

MY AFFIRMATIONS:

....
....
....
....
....
....
....
....

MY PERSONAL GOALS FOR TODAY:

....
....
....
....
....
....
....
....

MY PROFESSIONAL GOALS FOR TODAY:

....
....
....
....
....
....
....
....
....
....

MY PERSONAL ACCOMPLISHMENTS TODAY:

....
....
....
....
....
....
....
....
....

MY PROFESSIONAL ACCOMPLISHMENTS TODAY:

....
....
....
....
....
....
....
....
....
....
....
....
....
....

DAY 7:   **DATE:**

"Knowing who you are is the foundation and gateway to unwavering confidence."

I AM BLESSED

TODAY I AM MOST GRATEFUL FOR:

....
....
....
....
....
....
....
....

MY AFFIRMATIONS:

....
....
....
....
....
....
....
....

MY PERSONAL GOALS FOR TODAY:

....
....
....
....
....
....
....
....

MY PROFESSIONAL GOALS FOR TODAY:

....
....
....
....
....
....
....
....
....
....

MY PERSONAL ACCOMPLISHMENTS TODAY:

....
....
....
....
....
....
....
....
....
....

MY PROFESSIONAL ACCOMPLISHMENTS TODAY:

....
....
....
....
....
....
....
....
....
....
....
....
....
....
....

MONTH 4: **DATE:**

"When you have a sense of belonging, rooted in your source, it gives you a sense of assurance and security."

I AM BLESSED

THIS MONTH I AM MOST GRATEFUL FOR:

....
....
....
....
....
....
....
....
....

MY AFFIRMATIONS:

....
....
....
....
....
....
....

MY PERSONAL GOALS FOR THIS MONTH:

....
....
....
....
....
....
....
....
....

MY PROFESSIONAL GOALS FOR THIS MONTH:

....
....
....
....
....
....
....
....
....
....

MY PERSONAL ACCOMPLISHMENTS THIS MONTH:

....
....
....
....
....
....
....
....
....
....

MY PROFESSIONAL ACCOMPLISHMENTS THIS MONTH:

....
....
....
....
....
....
....
....
....
....
....
....
....
....
....

WEEK 1:   **DATE:**

"In our source lies our identification and hence our uniqueness and diversity."

I AM BLESSED

THIS WEEK I AM MOST GRATEFUL FOR:

....
....
....
....
....
....
....
....
....
....

MY AFFIRMATIONS:

....
....
....
....
....
....
....

MY PERSONAL GOALS FOR THIS WEEK:

....
....
....
....
....
....
....
....
....

MY PROFESSIONAL GOALS FOR THIS WEEK:

MY PERSONAL ACCOMPLISHMENTS THIS WEEK:

MY PROFESSIONAL ACCOMPLISHMENTS THIS WEEK:

DAY 1:   **DATE:**

"Explore and unveil the heart and soul of your identity and uniqueness."

I AM BLESSED

TODAY I AM MOST GRATEFUL FOR:

....
....
....
....
....
....
....

MY AFFIRMATIONS:

....
....
....
....
....
....
....
....

MY PERSONAL GOALS FOR TODAY:

....
....
....
....
....
....
....
....
....

MY PROFESSIONAL GOALS FOR TODAY:

....
....
....
....
....
....
....
....
....

MY PERSONAL ACCOMPLISHMENTS TODAY:

....
....
....
....
....
....
....
....
....

MY PROFESSIONAL ACCOMPLISHMENTS TODAY:

....
....
....
....
....
....
....
....
....
....
....
....
....
....
....

DAY 2:   **DATE:**

"I would urge you to start working on your unique journey to find out who you truly are."

I AM BLESSED

TODAY I AM MOST GRATEFUL FOR:

....
....
....
....
....
....
....

MY AFFIRMATIONS:

....
....
....
....
....
....
....
....

MY PERSONAL GOALS FOR TODAY:

....
....
....
....
....
....
....
....

MY PROFESSIONAL GOALS FOR TODAY:

MY PERSONAL ACCOMPLISHMENTS TODAY:

MY PROFESSIONAL ACCOMPLISHMENTS TODAY:

DAY 3:   **DATE:**

"Success is not about amassing riches, but rather it is about knowing who you are, because that is the essence of real fulfillment and success."

I AM BLESSED

TODAY I AM MOST GRATEFUL FOR:

....
....
....
....
....
....
....
....

MY AFFIRMATIONS:

....
....
....
....
....
....
....
....
....

MY PERSONAL GOALS FOR TODAY:

....
....
....
....
....
....
....
....
....

MY PROFESSIONAL GOALS FOR TODAY:

....
....
....
....
....
....
....
....
....
....

MY PERSONAL ACCOMPLISHMENTS TODAY:

....
....
....
....
....
....
....
....
....

MY PROFESSIONAL ACCOMPLISHMENTS TODAY:

....
....
....
....
....
....
....
....
....
....
....
....
....
....
....

DAY 4:   **DATE:**

"I choose to embrace each new day and moment of life with grace and love."

I AM BLESSED

TODAY I AM MOST GRATEFUL FOR:

....
....
....
....
....
....
....

MY AFFIRMATIONS:

....
....
....
....
....
....
....
....

MY PERSONAL GOALS FOR TODAY:

....
....
....
....
....
....
....
....
....

MY PROFESSIONAL GOALS FOR TODAY:

....
....
....
....
....
....
....
....
....
....

MY PERSONAL ACCOMPLISHMENTS TODAY:

....
....
....
....
....
....
....
....
....

MY PROFESSIONAL ACCOMPLISHMENTS TODAY:

....
....
....
....
....
....
....
....
....
....
....
....
....
....
....

DAY 5:   **DATE:**

"Our strengths are one of those fundamental pillars that define what we can do."

I AM BLESSED

TODAY I AM MOST GRATEFUL FOR:

....
....
....
....
....
....
....
....

MY AFFIRMATIONS:

....
....
....
....
....
....
....
....

MY PERSONAL GOALS FOR TODAY:

....
....
....
....
....
....
....
....

MY PROFESSIONAL GOALS FOR TODAY:

....
....
....
....
....
....
....
....
....

MY PERSONAL ACCOMPLISHMENTS TODAY:

....
....
....
....
....
....
....
....
....

MY PROFESSIONAL ACCOMPLISHMENTS TODAY:

....
....
....
....
....
....
....
....
....
....
....
....
....
....

DAY 6: **DATE:**

"Once purpose is discovered, the next step is obviously making it become a reality."

I AM BLESSED

TODAY I AM MOST GRATEFUL FOR:

....
....
....
....
....
....
....
....

MY AFFIRMATIONS:

....
....
....
....
....
....
....
....
....

MY PERSONAL GOALS FOR TODAY:

....
....
....
....
....
....
....
....
....

MY PROFESSIONAL GOALS FOR TODAY:

....
....
....
....
....
....
....
....
....
....

MY PERSONAL ACCOMPLISHMENTS TODAY:

....
....
....
....
....
....
....
....
....

MY PROFESSIONAL ACCOMPLISHMENTS TODAY:

....
....
....
....
....
....
....
....
....
....
....
....
....
....
....

DAY 7: **DATE:**

"You are no chance; you are no mistake, because you are here for a specific purpose."

I AM BLESSED

TODAY I AM MOST GRATEFUL FOR:

....
....
....
....
....
....
....

MY AFFIRMATIONS:

....
....
....
....
....
....
....
....

MY PERSONAL GOALS FOR TODAY:

....
....
....
....
....
....
....
....

MY PROFESSIONAL GOALS FOR TODAY:

....
....
....
....
....
....
....
....
....
....

MY PERSONAL ACCOMPLISHMENTS TODAY:

....
....
....
....
....
....
....
....
....
....

MY PROFESSIONAL ACCOMPLISHMENTS TODAY:

....
....
....
....
....
....
....
....
....
....
....
....
....
....
....

WEEK 2:   **DATE:**

"Who you truly are is defined by your core beliefs, values, attitude, and your passions."

I AM BLESSED

THIS WEEK I AM MOST GRATEFUL FOR:

....
....
....
....
....
....
....
....
....

MY AFFIRMATIONS:

....
....
....
....
....
....
....

MY PERSONAL GOALS FOR THIS WEEK:

....
....
....
....
....
....
....
....
....

MY PROFESSIONAL GOALS FOR THIS WEEK:

....
....
....
....
....
....
....
....
....
....

MY PERSONAL ACCOMPLISHMENTS THIS WEEK:

....
....
....
....
....
....
....
....
....
....

MY PROFESSIONAL ACCOMPLISHMENTS THIS WEEK:

....
....
....
....
....
....
....
....
....
....
....
....
....
....

DAY 1:   **DATE:**

"There are some crucial characteristics and attributes that shape and define you and set you apart from others."

I AM BLESSED

TODAY I AM MOST GRATEFUL FOR:

....
....
....
....
....
....
....

MY AFFIRMATIONS:

....
....
....
....
....
....
....
....

MY PERSONAL GOALS FOR TODAY:

....
....
....
....
....
....
....
....

MY PROFESSIONAL GOALS FOR TODAY:

MY PERSONAL ACCOMPLISHMENTS TODAY:

MY PROFESSIONAL ACCOMPLISHMENTS TODAY:

DAY 2:   **DATE:**

"You have a crucial role to play to ensure the correct decoding of your DNA so that you may become all that you were destined to become."

I AM BLESSED

TODAY I AM MOST GRATEFUL FOR:

....
....
....
....
....
....
....

MY AFFIRMATIONS:

....
....
....
....
....
....
....
....

MY PERSONAL GOALS FOR TODAY:

....
....
....
....
....
....
....
....
....

MY PROFESSIONAL GOALS FOR TODAY:

....
....
....
....
....
....
....
....
....
....

MY PERSONAL ACCOMPLISHMENTS TODAY:

....
....
....
....
....
....
....
....
....
....

MY PROFESSIONAL ACCOMPLISHMENTS TODAY:

....
....
....
....
....
....
....
....
....
....
....
....
....
....
....

DAY 3:   **DATE:**

"All humans are born equal, unique, and endowed with great abilities and potential to impact our world."

I AM BLESSED

TODAY I AM MOST GRATEFUL FOR:

....
....
....
....
....
....
....

MY AFFIRMATIONS:

....
....
....
....
....
....
....
....

MY PERSONAL GOALS FOR TODAY:

....
....
....
....
....
....
....
....

MY PROFESSIONAL GOALS FOR TODAY:

....
....
....
....
....
....
....
....
....
....

MY PERSONAL ACCOMPLISHMENTS TODAY:

....
....
....
....
....
....
....
....
....

MY PROFESSIONAL ACCOMPLISHMENTS TODAY:

....
....
....
....
....
....
....
....
....
....
....
....
....
....

DAY 4:   **DATE:**

"You are naturally equipped from conception with everything you need to fulfil your unique mission and purpose here on earth."

I AM BLESSED

TODAY I AM MOST GRATEFUL FOR:

....
....
....
....
....
....
....

MY AFFIRMATIONS:

....
....
....
....
....
....
....
....

MY PERSONAL GOALS FOR TODAY:

....
....
....
....
....
....
....
....

MY PROFESSIONAL GOALS FOR TODAY:

....
....
....
....
....
....
....
....
....
....

MY PERSONAL ACCOMPLISHMENTS TODAY:

....
....
....
....
....
....
....
....
....

MY PROFESSIONAL ACCOMPLISHMENTS TODAY:

....
....
....
....
....
....
....
....
....
....
....
....
....
....
....

DAY 5:   DATE:

"You are very strong and powerful, and these qualities and traits are bestowed upon you by the Divine to protect you."

I AM BLESSED

TODAY I AM MOST GRATEFUL FOR:

....
....
....
....
....
....
....

MY AFFIRMATIONS:

....
....
....
....
....
....
....
....

MY PERSONAL GOALS FOR TODAY:

....
....
....
....
....
....
....
....

MY PROFESSIONAL GOALS FOR TODAY:

....
....
....
....
....
....
....
....
....
....

MY PERSONAL ACCOMPLISHMENTS TODAY:

....
....
....
....
....
....
....
....
....
....

MY PROFESSIONAL ACCOMPLISHMENTS TODAY:

....
....
....
....
....
....
....
....
....
....
....
....
....
....
....

DAY 6:   **DATE:**

"You are born for a purpose, and everything about you and the way you look is designed to fulfil that unique purpose."

I AM BLESSED

TODY I AM MOST GRATEFUL FOR:

....
....
....
....
....
....
....

MY AFFIRMATIONS:

....
....
....
....
....
....
....
....

MY PERSONAL GOALS FOR TODAY:

....
....
....
....
....
....
....
....

MY PROFESSIONAL GOALS FOR TODAY:

....
....
....
....
....
....
....
....
....
....

MY PERSONAL ACCOMPLISHMENTS TODAY:

....
....
....
....
....
....
....
....
....

MY PROFESSIONAL ACCOMPLISHMENTS TODAY:

....
....
....
....
....
....
....
....
....
....
....
....
....
....

DAY 7:   **DATE:**

"You are much more than the situation you went through in the past or are currently going through."

I AM BLESSED

TODAY I AM MOST GRATEFUL FOR:

....
....
....
....
....
....
....

MY AFFIRMATIONS:

....
....
....
....
....
....
....
....

MY PERSONAL GOALS FOR TODAY:

....
....
....
....
....
....
....
....

MY PROFESSIONAL GOALS FOR TODAY:

....
....
....
....
....
....
....
....
....
....

MY PERSONAL ACCOMPLISHMENTS TODAY:

....
....
....
....
....
....
....
....
....
....

MY PROFESSIONAL ACCOMPLISHMENTS TODAY:

....
....
....
....
....
....
....
....
....
....
....
....
....
....
....

WEEK 3:   **DATE:**

"I am conquering every challenge I encounter; I am overcoming it steadily and with grace."

I AM BLESSED

THIS WEEK I AM MOST GRATEFUL FOR:

....
....
....
....
....
....
....
....
....

MY AFFIRMATIONS:

....
....
....
....
....
....
....
....

MY PERSONAL GOALS FOR THIS WEEK:

....
....
....
....
....
....
....
....
....

MY PROFESSIONAL GOALS FOR THIS WEEK:

MY PERSONAL ACCOMPLISHMENTS THIS WEEK:

MY PROFESSIONAL ACCOMPLISHMENTS THIS WEEK:

DAY 1:   DATE:

"Vision is a function of the heart, while sight is a function of the eyes."

I AM BLESSED

TODAY I AM MOST GRATEFUL FOR:

....
....
....
....
....
....
....

MY AFFIRMATIONS:

....
....
....
....
....
....
....
....

MY PERSONAL GOALS FOR TODAY:

....
....
....
....
....
....
....
....

MY PROFESSIONAL GOALS FOR TODAY:

....
....
....
....
....
....
....
....
....
....

MY PERSONAL ACCOMPLISHMENTS TODAY:

....
....
....
....
....
....
....
....
....
....

MY PROFESSIONAL ACCOMPLISHMENTS TODAY:

....
....
....
....
....
....
....
....
....
....
....
....
....
....

DAY 2: **DATE:**

"My mistakes and setbacks are stepping stones to my success because I learn from them daily."

I AM BLESSED

TODAY I AM MOST GRATEFUL FOR:

....
....
....
....
....
....
....

MY AFFIRMATIONS:

....
....
....
....
....
....
....

MY PERSONAL GOALS FOR TODAY:

....
....
....
....
....
....
....
....

MY PROFESSIONAL GOALS FOR TODAY:

....
....
....
....
....
....
....
....
....
....

MY PERSONAL ACCOMPLISHMENTS TODAY:

....
....
....
....
....
....
....
....
....
....

MY PROFESSIONAL ACCOMPLISHMENTS TODAY:

....
....
....
....
....
....
....
....
....
....
....
....
....
....
....

DAY 3:   **DATE:**

"You are more valuable than you could ever imagine – and never let anyone tell you otherwise, not even yourself."

I AM BLESSED

TODAY I AM MOST GRATEFUL FOR:

....
....
....
....
....
....
....

MY AFFIRMATIONS:

....
....
....
....
....
....
....

MY PERSONAL GOALS FOR TODAY:

....
....
....
....
....
....
....

MY PROFESSIONAL GOALS FOR TODAY:

....
....
....
....
....
....
....
....
....
....

MY PERSONAL ACCOMPLISHMENTS TODAY:

....
....
....
....
....
....
....
....
....
....

MY PROFESSIONAL ACCOMPLISHMENTS TODAY:

....
....
....
....
....
....
....
....
....
....
....
....
....
....
....

DAY 4:   **DATE:**

"Do something today to refine your gifts, passions, and talents."

I AM BLESSED

TODAY I AM MOST GRATEFUL FOR:

....
....
....
....
....
....
....

MY AFFIRMATIONS:

....
....
....
....
....
....
....
....

MY PERSONAL GOALS FOR TODAY:

....
....
....
....
....
....
....
....

MY PROFESSIONAL GOALS FOR TODAY:

....
....
....
....
....
....
....
....
....
....

MY PERSONAL ACCOMPLISHMENTS TODAY:

....
....
....
....
....
....
....
....
....

MY PROFESSIONAL ACCOMPLISHMENTS TODAY:

....
....
....
....
....
....
....
....
....
....
....
....
....

DAY 5:   **DATE:**

"True liberation only comes when you live your life, your dream, your vision, and your purpose."

I AM BLESSED

TODAY I AM MOST GRATEFUL FOR:

....
....
....
....
....
....
....

MY AFFIRMATIONS:

....
....
....
....
....
....
....
....

MY PERSONAL GOALS FOR TODAY:

....
....
....
....
....
....
....
....

MY PROFESSIONAL GOALS FOR TODAY:

....
....
....
....
....
....
....
....
....
....

MY PERSONAL ACCOMPLISHMENTS TODAY:

....
....
....
....
....
....
....
....
....
....

MY PROFESSIONAL ACCOMPLISHMENTS TODAY:

....
....
....
....
....
....
....
....
....
....
....
....
....
....
....

DAY 6:   **DATE:**

"There is virtually no room for fear, unhealthy competition, uncertainty, or insecurity when you are your authentic self."

I AM BLESSED

TODAY I AM MOST GRATEFUL FOR:

....
....
....
....
....
....
....

MY AFFIRMATIONS:

....
....
....
....
....
....
....
....
....

MY PERSONAL GOALS FOR TODAY:

....
....
....
....
....
....
....
....
....

MY PROFESSIONAL GOALS FOR TODAY:

....
....
....
....
....
....
....
....
....

MY PERSONAL ACCOMPLISHMENTS TODAY:

....
....
....
....
....
....
....
....
....
....

MY PROFESSIONAL ACCOMPLISHMENTS TODAY:

....
....
....
....
....
....
....
....
....
....
....
....
....
....

DAY 7:   DATE:

"You must come to the awareness that success and abundance are found in every area of your life and relationships and hence are your birth-right."

I AM BLESSED

TODAY I AM MOST GRATEFUL FOR:

....
....
....
....
....
....
....
....

MY AFFIRMATIONS:

....
....
....
....
....
....
....
....

MY PERSONAL GOALS FOR TODAY:

....
....
....
....
....
....
....
....
....

MY PROFESSIONAL GOALS FOR TODAY:

MY PERSONAL ACCOMPLISHMENTS TODAY:

MY PROFESSIONAL ACCOMPLISHMENTS TODAY:

WEEK 4:   **DATE:**

"Be encouraged, knowing that I am here to hold your hands and walk with you through this powerful journey of transformation."

I AM BLESSED

THIS WEEK I AM MOST GRATEFUL FOR:

....
....
....
....
....
....
....
....
....
....

MY AFFIRMATIONS:

....
....
....
....
....
....
....
....

MY PERSONAL GOALS FOR THIS WEEK:

....
....
....
....
....
....
....
....
....
....

MY PROFESSIONAL GOALS FOR THIS WEEK:

MY PERSONAL ACCOMPLISHMENTS THIS WEEK:

MY PROFESSIONAL ACCOMPLISHMENTS THIS WEEK:

DAY 1: DATE:

"Your identity is simply those traits and qualities that define you and distinguish you from the others."

I AM BLESSED

TODY I AM MOST GRATEFUL FOR:

....
....
....
....
....
....
....

MY AFFIRMATIONS:

....
....
....
....
....
....
....

MY PERSONAL GOALS FOR TODAY:

....
....
....
....
....
....
....

MY PROFESSIONAL GOALS FOR TODAY:

....
....
....
....
....
....
....
....
....
....

MY PERSONAL ACCOMPLISHMENTS TODAY:

....
....
....
....
....
....
....
....
....
....

MY PROFESSIONAL ACCOMPLISHMENTS TODAY:

....
....
....
....
....
....
....
....
....
....
....
....
....

DAY 2:   **DATE:**

"You must take full responsibility for your life and set those goals that enable you to become who you want to be."

I AM BLESSED

TODAY I AM MOST GRATEFUL FOR:

....
....
....
....
....
....
....

MY AFFIRMATIONS:

....
....
....
....
....
....
....
....

MY PERSONAL GOALS FOR TODAY:

....
....
....
....
....
....
....
....
....

MY PROFESSIONAL GOALS FOR TODAY:

....
....
....
....
....
....
....
....
....
....

MY PERSONAL ACCOMPLISHMENTS TODAY:

....
....
....
....
....
....
....
....
....
....

MY PROFESSIONAL ACCOMPLISHMENTS TODAY:

....
....
....
....
....
....
....
....
....
....
....
....
....
....
....

DAY 3:   **DATE:**

"When you know the truth about yourself, only then can you start truly experiencing freedom and success."

I AM BLESSED

TODAY I AM MOST GRATEFUL FOR:

....
....
....
....
....
....
....

MY AFFIRMATIONS:

....
....
....
....
....
....
....
....
....

MY PERSONAL GOALS FOR TODAY:

....
....
....
....
....
....
....
....
....

MY PROFESSIONAL GOALS FOR TODAY:

....
....
....
....
....
....
....
....
....
....

MY PERSONAL ACCOMPLISHMENTS TODAY:

....
....
....
....
....
....
....
....
....
....

MY PROFESSIONAL ACCOMPLISHMENTS TODAY:

....
....
....
....
....
....
....
....
....
....
....
....
....
....
....

DAY 4: DATE:

"This is the time to arise, wake up, seek knowledge and wisdom, and embark on a transformational journey."

I AM BLESSED

TODAY I AM MOST GRATEFUL FOR:

....
....
....
....
....
....
....

MY AFFIRMATIONS:

....
....
....
....
....
....
....
....

MY PERSONAL GOALS FOR TODAY:

....
....
....
....
....
....
....
....

MY PROFESSIONAL GOALS FOR TODAY:

....
....
....
....
....
....
....
....
....
....

MY PERSONAL ACCOMPLISHMENTS TODAY:

....
....
....
....
....
....
....
....
....

MY PROFESSIONAL ACCOMPLISHMENTS TODAY:

....
....
....
....
....
....
....
....
....
....
....
....
....
....
....
....

DAY 5: **DATE:**

"My ultimate goal is to inspire and empower you to unlock your greatness and unleash your true identity."

I AM BLESSED

TODAY I AM MOST GRATEFUL FOR:

....
....
....
....
....
....
....
....

MY AFFIRMATIONS:

....
....
....
....
....
....
....
....

MY PERSONAL GOALS FOR TODAY:

....
....
....
....
....
....
....
....
....

MY PROFESSIONAL GOALS FOR TODAY:

....
....
....
....
....
....
....
....
....
....

MY PERSONAL ACCOMPLISHMENTS TODAY:

....
....
....
....
....
....
....
....
....
....

MY PROFESSIONAL ACCOMPLISHMENTS TODAY:

....
....
....
....
....
....
....
....
....
....
....
....
....
....
....

DAY 6: **DATE:**

"The desires and visions you have for who and what you are destined to become must guide and drive your every action."

I AM BLESSED

TODAY I AM MOST GRATEFUL FOR:

....
....
....
....
....
....
....

MY AFFIRMATIONS:

....
....
....
....
....
....
....

MY PERSONAL GOALS FOR TODAY:

....
....
....
....
....
....
....
....

MY PROFESSIONAL GOALS FOR TODAY:

....
....
....
....
....
....
....
....
....
....

MY PERSONAL ACCOMPLISHMENTS TODAY:

....
....
....
....
....
....
....
....
....

MY PROFESSIONAL ACCOMPLISHMENTS TODAY:

....
....
....
....
....
....
....
....
....
....
....
....
....
....
....

DAY 7: **DATE:**

"Define those goals that are indispensable to enable you to become the change you want to see in the world."

I AM BLESSED

TODAY I AM MOST GRATEFUL FOR:

....
....
....
....
....
....
....

MY AFFIRMATIONS:

....
....
....
....
....
....
....
....

MY PERSONAL GOALS FOR TODAY:

....
....
....
....
....
....
....
....

MY PROFESSIONAL GOALS FOR TODAY:

....
....
....
....
....
....
....
....
....
....

MY PERSONAL ACCOMPLISHMENTS TODAY:

....
....
....
....
....
....
....
....
....
....

MY PROFESSIONAL ACCOMPLISHMENTS TODAY:

....
....
....
....
....
....
....
....
....
....
....
....
....
....

WEEK 5:   **DATE:**

"Identify who you are, why you exist on Planet Earth, where you are heading to, and eventually stand out from the crowd."

I AM BLESSED

THIS WEEK I AM MOST GRATEFUL FOR:

....
....
....
....
....
....
....
....
....
....

MY AFFIRMATIONS:

....
....
....
....
....
....
....
....

MY PERSONAL GOALS FOR THIS WEEK:

....
....
....
....
....
....
....
....
....
....

MY PROFESSIONAL GOALS FOR THIS WEEK:

MY PERSONAL ACCOMPLISHMENTS THIS WEEK:

MY PROFESSIONAL ACCOMPLISHMENTS THIS WEEK:

DAY 1:   **DATE:**

"You are naturally equipped at creation with everything you need to be identified and equipped with to fulfil your purpose here on earth."

I AM BLESSED

TODAY I AM MOST GRATEFUL FOR:

....
....
....
....
....
....
....

MY AFFIRMATIONS:

....
....
....
....
....
....
....
....

MY PERSONAL GOALS FOR TODAY:

....
....
....
....
....
....
....
....
....

MY PROFESSIONAL GOALS FOR TODAY:

....
....
....
....
....
....
....
....
....
....

MY PERSONAL ACCOMPLISHMENTS TODAY:

....
....
....
....
....
....
....
....
....
....

MY PROFESSIONAL ACCOMPLISHMENTS TODAY:

....
....
....
....
....
....
....
....
....
....
....
....
....
....
....
....

DAY 2: **DATE:**

"Life is an enormous and precious gift and blessing."

I AM BLESSED

TODAY I AM MOST GRATEFUL FOR:

....
....
....
....
....
....
....
....

MY AFFIRMATIONS:

....
....
....
....
....
....
....
....

MY PERSONAL GOALS FOR TODAY:

....
....
....
....
....
....
....
....

MY PROFESSIONAL GOALS FOR TODAY:

....
....
....
....
....
....
....
....
....
....

MY PERSONAL ACCOMPLISHMENTS TODAY:

....
....
....
....
....
....
....
....
....

MY PROFESSIONAL ACCOMPLISHMENTS TODAY:

....
....
....
....
....
....
....
....
....
....
....
....
....
....
....

DAY 3:   **DATE:**

"Do not dwell in self-pity, but self-love and gratitude."

I AM BLESSED

TODAY I AM MOST GRATEFUL FOR:

....
....
....
....
....
....
....
....

MY AFFIRMATIONS:

....
....
....
....
....
....
....
....

MY PERSONAL GOALS FOR TODAY:

....
....
....
....
....
....
....
....

MY PROFESSIONAL GOALS FOR TODAY:

....
....
....
....
....
....
....
....
....
....

MY PERSONAL ACCOMPLISHMENTS TODAY:

....
....
....
....
....
....
....
....
....
....

MY PROFESSIONAL ACCOMPLISHMENTS TODAY:

....
....
....
....
....
....
....
....
....
....
....
....
....
....
....

DAY 4:   **DATE:**

"Happiness is a conscious choice and decision."

I AM BLESSED

TODAY I AM MOST GRATEFUL FOR:

....
....
....
....
....
....
....
....

MY AFFIRMATIONS:

....
....
....
....
....
....
....
....
....
....

MY PERSONAL GOALS FOR TODAY:

....
....
....
....
....
....
....
....
....

MY PROFESSIONAL GOALS FOR TODAY:

....
....
....
....
....
....
....
....
....
....

MY PERSONAL ACCOMPLISHMENTS TODAY:

....
....
....
....
....
....
....
....
....

MY PROFESSIONAL ACCOMPLISHMENTS TODAY:

....
....
....
....
....
....
....
....
....
....
....
....
....
....
....

DAY 5:   **DATE:**

"Winners never give up or quit, and quitters never win."

I AM BLESSED

TODAY I AM MOST GRATEFUL FOR:

....
....
....
....
....
....
....

MY AFFIRMATIONS:

....
....
....
....
....
....
....
....

MY PERSONAL GOALS FOR TODAY:

....
....
....
....
....
....
....
....

MY PROFESSIONAL GOALS FOR TODAY:

....
....
....
....
....
....
....
....
....
....

MY PERSONAL ACCOMPLISHMENTS TODAY:

....
....
....
....
....
....
....
....
....
....

MY PROFESSIONAL ACCOMPLISHMENTS TODAY:

....
....
....
....
....
....
....
....
....
....
....
....
....
....
....

DAY 6: **DATE:**

"You are in control, not your circumstances or current challenges."

I AM BLESSED

TODAY I AM MOST GRATEFUL FOR:

....
....
....
....
....
....
....

MY AFFIRMATIONS:

....
....
....
....
....
....
....
....

MY PERSONAL GOALS FOR TODAY:

....
....
....
....
....
....
....
....

MY PROFESSIONAL GOALS FOR TODAY:

....
....
....
....
....
....
....
....
....
....

MY PERSONAL ACCOMPLISHMENTS TODAY:

....
....
....
....
....
....
....
....
....

MY PROFESSIONAL ACCOMPLISHMENTS TODAY:

....
....
....
....
....
....
....
....
....
....
....
....
....
....

DAY 7:   **DATE:**

"Take control and shape your life and future accordingly."

I AM BLESSED

TODAY I AM MOST GRATEFUL FOR:

....
....
....
....
....
....
....

MY AFFIRMATIONS:

....
....
....
....
....
....
....
....

MY PERSONAL GOALS FOR TODAY:

....
....
....
....
....
....
....
....
....

MY PROFESSIONAL GOALS FOR TODAY:

....
....
....
....
....
....
....
....
....
....

MY PERSONAL ACCOMPLISHMENTS TODAY:

....
....
....
....
....
....
....
....
....

MY PROFESSIONAL ACCOMPLISHMENTS TODAY:

....
....
....
....
....
....
....
....
....
....
....
....
....
....
....

MONTH 5:   **DATE:**

"Reflecting in the midst of challenges is an excellent strategy for victory."

I AM BLESSED

THIS MONTH I AM MOST GRATEFUL FOR:

....
....
....
....
....
....
....
....
....

MY AFFIRMATIONS:

....
....
....
....
....
....
....

MY PERSONAL GOALS FOR THIS MONTH:

....
....
....
....
....
....
....
....
....

MY PROFESSIONAL GOALS FOR THIS MONTH:

....
....
....
....
....
....
....
....
....
....

MY PERSONAL ACCOMPLISHMENTS THIS MONTH:

....
....
....
....
....
....
....
....
....
....

MY PROFESSIONAL ACCOMPLISHMENTS THIS MONTH:

....
....
....
....
....
....
....
....
....
....
....
....
....
....
....
....

WEEK 1:   **DATE:**

"Each challenge in life is an opportunity for you to grow and become wiser."

I AM BLESSED

THIS WEEK I AM MOST GRATEFUL FOR:

....
....
....
....
....
....
....
....
....

MY AFFIRMATIONS:

....
....
....
....
....
....
....

MY PERSONAL GOALS FOR THIS WEEK:

....
....
....
....
....
....
....
....
....

MY PROFESSIONAL GOALS FOR THIS WEEK:

....
....
....
....
....
....
....
....
....
....

MY PERSONAL ACCOMPLISHMENTS THIS WEEK:

....
....
....
....
....
....
....
....
....

MY PROFESSIONAL ACCOMPLISHMENTS THIS WEEK:

....
....
....
....
....
....
....
....
....
....
....
....
....
....
....

DAY 1:   **DATE:**

"You need to concentrate on what is important for the sake of your health, wellbeing, and happiness."

I AM BLESSED

TODAY I AM MOST GRATEFUL FOR:

....
....
....
....
....
....
....

MY AFFIRMATIONS:

....
....
....
....
....
....
....
....

MY PERSONAL GOALS FOR TODAY:

....
....
....
....
....
....
....
....
....

MY PROFESSIONAL GOALS FOR TODAY:

....
....
....
....
....
....
....
....
....
....

MY PERSONAL ACCOMPLISHMENTS TODAY:

....
....
....
....
....
....
....
....
....

MY PROFESSIONAL ACCOMPLISHMENTS TODAY:

....
....
....
....
....
....
....
....
....
....
....
....
....
....

DAY 2:   DATE:

"Whenever you are faced with a challenge, do not immediately react."

I AM BLESSED

TODAY I AM MOST GRATEFUL FOR:

....
....
....
....
....
....
....

MY AFFIRMATIONS:

....
....
....
....
....
....
....
....

MY PERSONAL GOALS FOR TODAY:

....
....
....
....
....
....
....

MY PROFESSIONAL GOALS FOR TODAY:

MY PERSONAL ACCOMPLISHMENTS TODAY:

MY PROFESSIONAL ACCOMPLISHMENTS TODAY:

DAY 3:   **DATE:**

"Reflection automatically gives you the power to unleash the resources needed to be in control and at peace."

I AM BLESSED

TODY I AM MOST GRATEFUL FOR:

....
....
....
....
....
....
....

MY AFFIRMATIONS:

....
....
....
....
....
....
....

MY PERSONAL GOALS FOR TODAY:

....
....
....
....
....
....
....
....

MY PROFESSIONAL GOALS FOR TODAY:

....
....
....
....
....
....
....
....
....
....

MY PERSONAL ACCOMPLISHMENTS TODAY:

....
....
....
....
....
....
....
....
....
....

MY PROFESSIONAL ACCOMPLISHMENTS TODAY:

....
....
....
....
....
....
....
....
....
....
....
....
....

DAY 4:   **DATE:**

"You must learn to distance yourself from the challenge at hand so it may become easier to confront."

I AM BLESSED

TODAY I AM MOST GRATEFUL FOR:

....
....
....
....
....
....
....

MY AFFIRMATIONS:

....
....
....
....
....
....
....
....

MY PERSONAL GOALS FOR TODAY:

....
....
....
....
....
....
....
....

MY PROFESSIONAL GOALS FOR TODAY:

....
....
....
....
....
....
....
....
....
....

MY PERSONAL ACCOMPLISHMENTS TODAY:

....
....
....
....
....
....
....
....
....

MY PROFESSIONAL ACCOMPLISHMENTS TODAY:

....
....
....
....
....
....
....
....
....
....
....
....
....
....

DAY 5:   **DATE:**

"It is fundamental that you change your perception about the situations you are faced with."

I AM BLESSED

TODAY I AM MOST GRATEFUL FOR:

....
....
....
....
....
....
....

MY AFFIRMATIONS:

....
....
....
....
....
....
....
....

MY PERSONAL GOALS FOR TODAY:

....
....
....
....
....
....
....
....

MY PROFESSIONAL GOALS FOR TODAY:

....
....
....
....
....
....
....
....
....
....

MY PERSONAL ACCOMPLISHMENTS TODAY:

....
....
....
....
....
....
....
....
....

MY PROFESSIONAL ACCOMPLISHMENTS TODAY:

....
....
....
....
....
....
....
....
....
....
....
....
....
....

DAY 6:   **DATE:**

"When you become aware of the fact that there is a genuine need for change, then you are ready to embark on a transformational journey."

I AM BLESSED

TODAY I AM MOST GRATEFUL FOR:

....
....
....
....
....
....
....

MY AFFIRMATIONS:

....
....
....
....
....
....
....
....

MY PERSONAL GOALS FOR TODAY:

....
....
....
....
....
....
....

MY PROFESSIONAL GOALS FOR TODAY:

MY PERSONAL ACCOMPLISHMENTS TODAY:

MY PROFESSIONAL ACCOMPLISHMENTS TODAY:

DAY 7: **DATE:**

"I am happy now and always and have total control of my emotions and state of being."

I AM BLESSED

TODY I AM MOST GRATEFUL FOR:

....
....
....
....
....
....
....

MY AFFIRMATIONS:

....
....
....
....
....
....
....

MY PERSONAL GOALS FOR TODAY:

....
....
....
....
....
....
....
....

MY PROFESSIONAL GOALS FOR TODAY:

....
....
....
....
....
....
....
....
....
....

MY PERSONAL ACCOMPLISHMENTS TODAY:

....
....
....
....
....
....
....
....
....
....

MY PROFESSIONAL ACCOMPLISHMENTS TODAY:

....
....
....
....
....
....
....
....
....
....
....
....
....
....
....

WEEK 2:   **DATE:**

"You do not need to separate your past from the present or be ashamed of it."

I AM BLESSED

THIS WEEK I AM MOST GRATEFUL FOR:

....
....
....
....
....
....
....
....
....

MY AFFIRMATIONS:

....
....
....
....
....
....
....

MY PERSONAL GOALS FOR THIS WEEK:

....
....
....
....
....
....
....
....
....

MY PROFESSIONAL GOALS FOR THIS WEEK:

....
....
....
....
....
....
....
....
....
....

MY PERSONAL ACCOMPLISHMENTS THIS WEEK:

....
....
....
....
....
....
....
....
....
....

MY PROFESSIONAL ACCOMPLISHMENTS THIS WEEK:

....
....
....
....
....
....
....
....
....
....
....
....
....
....
....

DAY 1:   DATE:

"Being unaware of who you truly are leaves you trapped in your own inner struggles."

I AM BLESSED

TODAY I AM MOST GRATEFUL FOR:

....
....
....
....
....
....
....

MY AFFIRMATIONS:

....
....
....
....
....
....
....
....

MY PERSONAL GOALS FOR TODAY:

....
....
....
....
....
....
....
....

MY PROFESSIONAL GOALS FOR TODAY:

....
....
....
....
....
....
....
....
....
....

MY PERSONAL ACCOMPLISHMENTS TODAY:

....
....
....
....
....
....
....
....
....
....

MY PROFESSIONAL ACCOMPLISHMENTS TODAY:

....
....
....
....
....
....
....
....
....
....
....
....
....
....

DAY 2:   **DATE:**

"Every challenge that comes your way, once embraced with optimism, comes to enrich you and make you a more resilient person."

I AM BLESSED

TODAY I AM MOST GRATEFUL FOR:

....
....
....
....
....
....
....
....

MY AFFIRMATIONS:

....
....
....
....
....
....
....
....
....

MY PERSONAL GOALS FOR TODAY:

....
....
....
....
....
....
....
....
....

MY PROFESSIONAL GOALS FOR TODAY:

....
....
....
....
....
....
....
....
....
....

MY PERSONAL ACCOMPLISHMENTS TODAY:

....
....
....
....
....
....
....
....
....

MY PROFESSIONAL ACCOMPLISHMENTS TODAY:

....
....
....
....
....
....
....
....
....
....
....
....
....
....
....

DAY 3: **DATE:**

"Our mistakes do not define us unless we allow them to."

I AM BLESSED

TODAY I AM MOST GRATEFUL FOR:

....
....
....
....
....
....
....

MY AFFIRMATIONS:

....
....
....
....
....
....
....
....

MY PERSONAL GOALS FOR TODAY:

....
....
....
....
....
....
....
....

MY PROFESSIONAL GOALS FOR TODAY:

....
....
....
....
....
....
....
....
....
....

MY PERSONAL ACCOMPLISHMENTS TODAY:

....
....
....
....
....
....
....
....
....
....

MY PROFESSIONAL ACCOMPLISHMENTS TODAY:

....
....
....
....
....
....
....
....
....
....
....
....
....
....
....

DAY 4:   **DATE:**

"You need the serenity and mental strength to be able to accept the things you cannot change in life and keep being who you truly are."

I AM BLESSED

TODY I AM MOST GRATEFUL FOR:

....
....
....
....
....
....
....

MY AFFIRMATIONS:

....
....
....
....
....
....
....

MY PERSONAL GOALS FOR TODAY:

....
....
....
....
....
....
....
....

MY PROFESSIONAL GOALS FOR TODAY:

....
....
....
....
....
....
....
....
....
....

MY PERSONAL ACCOMPLISHMENTS TODAY:

....
....
....
....
....
....
....
....
....
....

MY PROFESSIONAL ACCOMPLISHMENTS TODAY:

....
....
....
....
....
....
....
....
....
....
....
....
....
....
....

DAY 5:   **DATE:**

"Joy, peace, patience, love, kindness, humility, and self-control are all fruits that stem from within."

I AM BLESSED

TODAY I AM MOST GRATEFUL FOR:

....
....
....
....
....
....
....

MY AFFIRMATIONS:

....
....
....
....
....
....
....
....

MY PERSONAL GOALS FOR TODAY:

....
....
....
....
....
....
....
....

MY PROFESSIONAL GOALS FOR TODAY:

....
....
....
....
....
....
....
....
....
....

MY PERSONAL ACCOMPLISHMENTS TODAY:

....
....
....
....
....
....
....
....
....
....

MY PROFESSIONAL ACCOMPLISHMENTS TODAY:

....
....
....
....
....
....
....
....
....
....
....
....
....
....

DAY 6:   **DATE:**

"The loudest and most persistent voice in your mind always prevails and wins."

I AM BLESSED

TODAY I AM MOST GRATEFUL FOR:

....
....
....
....
....
....
....

MY AFFIRMATIONS:

....
....
....
....
....
....
....
....

MY PERSONAL GOALS FOR TODAY:

....
....
....
....
....
....
....
....

MY PROFESSIONAL GOALS FOR TODAY:

....
....
....
....
....
....
....
....
....
....

MY PERSONAL ACCOMPLISHMENTS TODAY:

....
....
....
....
....
....
....
....
....
....

MY PROFESSIONAL ACCOMPLISHMENTS TODAY:

....
....
....
....
....
....
....
....
....
....
....
....
....
....
....

DAY 7: **DATE:**

"You must be able to envisage the intangible yet profound benefit and rewards you would reap from merely changing your perception."

I AM BLESSED

TODAY I AM MOST GRATEFUL FOR:

....
....
....
....
....
....
....
....

MY AFFIRMATIONS:

....
....
....
....
....
....
....
....

MY PERSONAL GOALS FOR TODAY:

....
....
....
....
....
....
....
....
....

MY PROFESSIONAL GOALS FOR TODAY:

MY PERSONAL ACCOMPLISHMENTS TODAY:

MY PROFESSIONAL ACCOMPLISHMENTS TODAY:

WEEK 3:   **DATE:**

"You should never underestimate the power of focus."

I AM BLESSED

THIS WEEK I AM MOST GRATEFUL FOR:

....
....
....
....
....
....
....
....
....

MY AFFIRMATIONS:

....
....
....
....
....
....
....

MY PERSONAL GOALS FOR THIS WEEK:

....
....
....
....
....
....
....
....

MY PROFESSIONAL GOALS FOR THIS WEEK:

....
....
....
....
....
....
....
....
....
....

Y PERSONAL ACCOMPLISHMENTS THIS WEEK:

....
....
....
....
....
....
....
....
....
....

MY PROFESSIONAL ACCOMPLISHMENTS THIS WEEK:

....
....
....
....
....
....
....
....
....
....
....
....
....
....
....

DAY 1:   **DATE:**

"Focus is one of our greatest and most priceless weapons for victory and success."

I AM BLESSED

TODAY I AM MOST GRATEFUL FOR:

....
....
....
....
....
....
....

MY AFFIRMATIONS:

....
....
....
....
....
....
....
....

MY PERSONAL GOALS FOR TODAY:

....
....
....
....
....
....
....
....
....

MY PROFESSIONAL GOALS FOR TODAY:

MY PERSONAL ACCOMPLISHMENTS TODAY:

MY PROFESSIONAL ACCOMPLISHMENTS TODAY:

DAY 2:   **DATE:**

"A distracted mind is rendered powerless and ineffective."

I AM BLESSED
TODAY I AM MOST GRATEFUL FOR:

....
....
....
....
....
....
....

MY AFFIRMATIONS:

....
....
....
....
....
....
....

MY PERSONAL GOALS FOR TODAY:

....
....
....
....
....
....
....
....

MY PROFESSIONAL GOALS FOR TODAY:

....
....
....
....
....
....
....
....
....
....

MY PERSONAL ACCOMPLISHMENTS TODAY:

....
....
....
....
....
....
....
....
....

MY PROFESSIONAL ACCOMPLISHMENTS TODAY:

....
....
....
....
....
....
....
....
....
....
....
....
....
....

DAY 3: **DATE:**

"Let your focus be on what you would like to see or experience out of your current situation."

I AM BLESSED

TODAY I AM MOST GRATEFUL FOR:

....
....
....
....
....
....
....

MY AFFIRMATIONS:

....
....
....
....
....
....
....
....

MY PERSONAL GOALS FOR TODAY:

....
....
....
....
....
....
....
....

MY PROFESSIONAL GOALS FOR TODAY:

....
....
....
....
....
....
....
....
....
....

MY PERSONAL ACCOMPLISHMENTS TODAY:

....
....
....
....
....
....
....
....
....
....

MY PROFESSIONAL ACCOMPLISHMENTS TODAY:

....
....
....
....
....
....
....
....
....
....
....
....
....
....
....
....

DAY 4:   DATE:

"I am powerful, capable, confident, and happy."

I AM BLESSED
TODAY I AM MOST GRATEFUL FOR:

....
....
....
....
....
....
....

MY AFFIRMATIONS:

....
....
....
....
....
....
....

MY PERSONAL GOALS FOR TODAY:

....
....
....
....
....
....
....

MY PROFESSIONAL GOALS FOR TODAY:

....
....
....
....
....
....
....
....
....
....

MY PERSONAL ACCOMPLISHMENTS TODAY:

....
....
....
....
....
....
....
....
....
....

MY PROFESSIONAL ACCOMPLISHMENTS TODAY:

....
....
....
....
....
....
....
....
....
....
....
....
....
....
....

DAY 5:   **DATE:**

"You are a light to the world and should never dim your light no matter what."

I AM BLESSED

TODAY I AM MOST GRATEFUL FOR:

....
....
....
....
....
....
....

MY AFFIRMATIONS:

....
....
....
....
....
....
....
....

MY PERSONAL GOALS FOR TODAY:

....
....
....
....
....
....
....
....
....

MY PROFESSIONAL GOALS FOR TODAY:

MY PERSONAL ACCOMPLISHMENTS TODAY:

MY PROFESSIONAL ACCOMPLISHMENTS TODAY:

DAY 6:   **DATE:**

"Approach challenges with boldness and enthusiasm."

I AM BLESSED

TODAY I AM MOST GRATEFUL FOR:

....
....
....
....
....
....
....
....

MY AFFIRMATIONS:

....
....
....
....
....
....
....
....
....

MY PERSONAL GOALS FOR TODAY:

....
....
....
....
....
....
....
....
....

MY PROFESSIONAL GOALS FOR TODAY:

....
....
....
....
....
....
....
....
....

MY PERSONAL ACCOMPLISHMENTS TODAY:

....
....
....
....
....
....
....
....
....

MY PROFESSIONAL ACCOMPLISHMENTS TODAY:

....
....
....
....
....
....
....
....
....
....
....
....
....
....
....

DAY 7:   **DATE:**

"Consciously choose to see the best in yourself and others."

I AM BLESSED

TODAY I AM MOST GRATEFUL FOR:

....
....
....
....
....
....
....

MY AFFIRMATIONS:

....
....
....
....
....
....
....
....

MY PERSONAL GOALS FOR TODAY:

....
....
....
....
....
....
....
....

MY PROFESSIONAL GOALS FOR TODAY:

....
....
....
....
....
....
....
....
....
....

MY PERSONAL ACCOMPLISHMENTS TODAY:

....
....
....
....
....
....
....
....
....
....

MY PROFESSIONAL ACCOMPLISHMENTS TODAY:

....
....
....
....
....
....
....
....
....
....
....
....
....
....
....

WEEK 4:   **DATE:**

"All is well with my soul right now."

I AM BLESSED

THIS WEEK I AM MOST GRATEFUL FOR:

....
....
....
....
....
....
....
....
....

MY AFFIRMATIONS:

....
....
....
....
....
....
....
....

MY PERSONAL GOALS FOR THIS WEEK:

....
....
....
....
....
....
....
....
....

MY PROFESSIONAL GOALS FOR THIS WEEK:

....
....
....
....
....
....
....
....
....
....

MY PERSONAL ACCOMPLISHMENTS THIS WEEK:

....
....
....
....
....
....
....
....
....

MY PROFESSIONAL ACCOMPLISHMENTS THIS WEEK:

....
....
....
....
....
....
....
....
....
....
....
....
....
....

DAY 1:   DATE:

"Release anger, pain, hurt, and fill yourself with an abundance of love, serenity, and peaceful thoughts."

I AM BLESSED

TODAY I AM MOST GRATEFUL FOR:

....
....
....
....
....
....
....

MY AFFIRMATIONS:

....
....
....
....
....
....
....
....

MY PERSONAL GOALS FOR TODAY:

....
....
....
....
....
....
....
....

MY PROFESSIONAL GOALS FOR TODAY:

....
....
....
....
....
....
....
....
....
....

MY PERSONAL ACCOMPLISHMENTS TODAY:

....
....
....
....
....
....
....
....
....
....

MY PROFESSIONAL ACCOMPLISHMENTS TODAY:

....
....
....
....
....
....
....
....
....
....
....
....
....
....
....

DAY 2:   **DATE:**

"Be grateful for this moment and find joy and meaning within it."

I AM BLESSED

TODAY I AM MOST GRATEFUL FOR:

....
....
....
....
....
....
....

MY AFFIRMATIONS:

....
....
....
....
....
....
....
....

MY PERSONAL GOALS FOR TODAY:

....
....
....
....
....
....
....
....
....

MY PROFESSIONAL GOALS FOR TODAY:

....
....
....
....
....
....
....
....
....
....

MY PERSONAL ACCOMPLISHMENTS TODAY:

....
....
....
....
....
....
....
....
....
....

MY PROFESSIONAL ACCOMPLISHMENTS TODAY:

....
....
....
....
....
....
....
....
....
....
....
....
....
....
....

DAY 3:   **DATE:**

"Life is in the moment: live and cherish every moment as if it were your most precious."

I AM BLESSED
TODAY I AM MOST GRATEFUL FOR:

....
....
....
....
....
....
....

MY AFFIRMATIONS:

....
....
....
....
....
....
....
....

MY PERSONAL GOALS FOR TODAY:

....
....
....
....
....
....
....
....

MY PROFESSIONAL GOALS FOR TODAY:

....
....
....
....
....
....
....
....
....
....

MY PERSONAL ACCOMPLISHMENTS TODAY:

....
....
....
....
....
....
....
....
....
....

MY PROFESSIONAL ACCOMPLISHMENTS TODAY:

....
....
....
....
....
....
....
....
....
....
....
....
....
....

DAY 4:   DATE:

"Meditate daily without resistance on the promises of the Word, which is food for your soul."

I AM BLESSED

TODAY I AM MOST GRATEFUL FOR:

....
....
....
....
....
....
....

MY AFFIRMATIONS:

....
....
....
....
....
....
....
....

MY PERSONAL GOALS FOR TODAY:

....
....
....
....
....
....
....
....
....

MY PROFESSIONAL GOALS FOR TODAY:

....
....
....
....
....
....
....
....
....
....

MY PERSONAL ACCOMPLISHMENTS TODAY:

....
....
....
....
....
....
....
....
....

MY PROFESSIONAL ACCOMPLISHMENTS TODAY:

....
....
....
....
....
....
....
....
....
....
....
....
....
....
....
....

DAY 5:   DATE:

"Every day I get better and stronger."

I AM BLESSED

TODAY I AM MOST GRATEFUL FOR:

....
....
....
....
....
....
....

MY AFFIRMATIONS:

....
....
....
....
....
....
....
....

MY PERSONAL GOALS FOR TODAY:

....
....
....
....
....
....
....
....

MY PROFESSIONAL GOALS FOR TODAY:

....
....
....
....
....
....
....
....
....
....

MY PERSONAL ACCOMPLISHMENTS TODAY:

....
....
....
....
....
....
....
....
....

MY PROFESSIONAL ACCOMPLISHMENTS TODAY:

....
....
....
....
....
....
....
....
....
....
....
....
....
....

DAY 6: **DATE:**

"Be free from anxiety and fill your entire being and soul with peace."

I AM BLESSED

TODAY I AM MOST GRATEFUL FOR:

....
....
....
....
....
....
....
....

MY AFFIRMATIONS:

....
....
....
....
....
....
....
....

MY PERSONAL GOALS FOR TODAY:

....
....
....
....
....
....
....
....

MY PROFESSIONAL GOALS FOR TODAY:

....
....
....
....
....
....
....
....
....
....

MY PERSONAL ACCOMPLISHMENTS TODAY:

....
....
....
....
....
....
....
....
....
....

MY PROFESSIONAL ACCOMPLISHMENTS TODAY:

....
....
....
....
....
....
....
....
....
....
....
....
....
....
....

DAY 7: **DATE:**

"Even when there is chaos and unrest around you, remain calm and focus on peace."

I AM BLESSED

TODAY I AM MOST GRATEFUL FOR:

....
....
....
....
....
....
....

MY AFFIRMATIONS:

....
....
....
....
....
....
....
....

MY PERSONAL GOALS FOR TODAY:

....
....
....
....
....
....
....
....

MY PROFESSIONAL GOALS FOR TODAY:

....
....
....
....
....
....
....
....
....
....

MY PERSONAL ACCOMPLISHMENTS TODAY:

....
....
....
....
....
....
....
....
....

MY PROFESSIONAL ACCOMPLISHMENTS TODAY:

....
....
....
....
....
....
....
....
....
....
....
....
....
....
....

WEEK 5:   **DATE:**

"Your focus needs to be on all that you would rather have, be, or do in the now."

I AM BLESSED

THIS WEEK I AM MOST GRATEFUL FOR:

....
....
....
....
....
....
....
....
....

MY AFFIRMATIONS:

....
....
....
....
....
....
....

MY PERSONAL GOALS FOR THIS WEEK:

....
....
....
....
....
....
....
....
....

MY PROFESSIONAL GOALS FOR THIS WEEK:

....
....
....
....
....
....
....
....
....
....

MY PERSONAL ACCOMPLISHMENTS THIS WEEK:

....
....
....
....
....
....
....
....
....
....

MY PROFESSIONAL ACCOMPLISHMENTS THIS WEEK:

....
....
....
....
....
....
....
....
....
....
....
....
....
....
....

DAY 1:   **DATE:**

"Never put a limit on how many times you say thank you in a day."

I AM BLESSED

TODAY I AM MOST GRATEFUL FOR:

....
....
....
....
....
....
....
....

MY AFFIRMATIONS:

....
....
....
....
....
....
....
....

MY PERSONAL GOALS FOR TODAY:

....
....
....
....
....
....
....
....

MY PROFESSIONAL GOALS FOR TODAY:

....
....
....
....
....
....
....
....
....
....

MY PERSONAL ACCOMPLISHMENTS TODAY:

....
....
....
....
....
....
....
....
....
....

MY PROFESSIONAL ACCOMPLISHMENTS TODAY:

....
....
....
....
....
....
....
....
....
....
....
....
....
....
....

DAY 2: **DATE:**

"You should not be distracted or give up but should stay focused and persist until your goal is accomplished."

I AM BLESSED

TODAY I AM MOST GRATEFUL FOR:

....
....
....
....
....
....
....

MY AFFIRMATIONS:

....
....
....
....
....
....
....
....

MY PERSONAL GOALS FOR TODAY:

....
....
....
....
....
....
....
....
....

MY PROFESSIONAL GOALS FOR TODAY:

....
....
....
....
....
....
....
....
....
....

MY PERSONAL ACCOMPLISHMENTS TODAY:

....
....
....
....
....
....
....
....
....

MY PROFESSIONAL ACCOMPLISHMENTS TODAY:

....
....
....
....
....
....
....
....
....
....
....
....
....
....

DAY 3:   **DATE:**

"All experiences are vital life lessons."

I AM BLESSED

TODAY I AM MOST GRATEFUL FOR:

....
....
....
....
....
....
....

MY AFFIRMATIONS:

....
....
....
....
....
....
....

MY PERSONAL GOALS FOR TODAY:

....
....
....
....
....
....
....

MY PROFESSIONAL GOALS FOR TODAY:

MY PERSONAL ACCOMPLISHMENTS TODAY:

MY PROFESSIONAL ACCOMPLISHMENTS TODAY:

DAY 4: **DATE:**

"I am more than a conqueror through Christ who strengthens me."

I AM BLESSED

TODAY I AM MOST GRATEFUL FOR:

....
....
....
....
....
....
....

MY AFFIRMATIONS:

....
....
....
....
....
....
....

MY PERSONAL GOALS FOR TODAY:

....
....
....
....
....
....
....
....

MY PROFESSIONAL GOALS FOR TODAY:

....
....
....
....
....
....
....
....
....
....

MY PERSONAL ACCOMPLISHMENTS TODAY:

....
....
....
....
....
....
....
....
....
....

MY PROFESSIONAL ACCOMPLISHMENTS TODAY:

....
....
....
....
....
....
....
....
....
....
....
....
....
....
....

DAY 5: **DATE:**

"Asking for help is a great sign of humility."

I AM BLESSED

TODAY I AM MOST GRATEFUL FOR:

....
....
....
....
....
....
....
....

MY AFFIRMATIONS:

....
....
....
....
....
....
....
....

MY PERSONAL GOALS FOR TODAY:

....
....
....
....
....
....
....
....

MY PROFESSIONAL GOALS FOR TODAY:

....
....
....
....
....
....
....
....
....
....

MY PERSONAL ACCOMPLISHMENTS TODAY:

....
....
....
....
....
....
....
....
....
....

MY PROFESSIONAL ACCOMPLISHMENTS TODAY:

....
....
....
....
....
....
....
....
....
....
....
....
....
....
....

DAY 6:   **DATE:**

"Without learning the lessons wrapped up in each challenge, there is no growth."

I AM BLESSED

TODAY I AM MOST GRATEFUL FOR:

....
....
....
....
....
....
....

MY AFFIRMATIONS:

....
....
....
....
....
....
....

MY PERSONAL GOALS FOR TODAY:

....
....
....
....
....
....
....
....

MY PROFESSIONAL GOALS FOR TODAY:

....
....
....
....
....
....
....
....
....
....

MY PERSONAL ACCOMPLISHMENTS TODAY:

....
....
....
....
....
....
....
....
....

MY PROFESSIONAL ACCOMPLISHMENTS TODAY:

....
....
....
....
....
....
....
....
....
....
....
....
....
....
....

DAY 7: **DATE:**

"Never underestimate the significance of a single step."

I AM BLESSED

TODAY I AM MOST GRATEFUL FOR:

....
....
....
....
....
....
....

MY AFFIRMATIONS:

....
....
....
....
....
....
....
....
....

MY PERSONAL GOALS FOR TODAY:

....
....
....
....
....
....
....
....
....

MY PROFESSIONAL GOALS FOR TODAY:

....
....
....
....
....
....
....
....
....
....

MY PERSONAL ACCOMPLISHMENTS TODAY:

....
....
....
....
....
....
....
....
....
....

MY PROFESSIONAL ACCOMPLISHMENTS TODAY:

....
....
....
....
....
....
....
....
....
....
....
....
....
....

MONTH 6:   **DATE:**

"Wisdom is the discernment between right and wrong, good and bad, truth and lie."

I AM BLESSED

THIS MONTH I AM MOST GRATEFUL FOR:

....
....
....
....
....
....
....
....
....

MY AFFIRMATIONS:

....
....
....
....
....
....
....

MY PERSONAL GOALS FOR THIS MONTH:

....
....
....
....
....
....
....
....
....
....

MY PROFESSIONAL GOALS FOR THIS MONTH:

....
....
....
....
....
....
....
....
....
....

MY PERSONAL ACCOMPLISHMENTS THIS MONTH:

....
....
....
....
....
....
....
....
....

MY PROFESSIONAL ACCOMPLISHMENTS THIS MONTH:

....
....
....
....
....
....
....
....
....
....
....
....
....
....
....

WEEK 1:   **DATE:**

"I am powerful and strong."

I AM BLESSED

THIS WEEK I AM MOST GRATEFUL FOR:

....
....
....
....
....
....
....
....
....

MY AFFIRMATIONS:

....
....
....
....
....
....
....

MY PERSONAL GOALS FOR THIS WEEK:

....
....
....
....
....
....
....
....
....

MY PROFESSIONAL GOALS FOR THIS WEEK:

MY PERSONAL ACCOMPLISHMENTS THIS WEEK:

MY PROFESSIONAL ACCOMPLISHMENTS THIS WEEK:

DAY 1:   **DATE:**

"Gratitude has the power to unlock numerous doors for you."

I AM BLESSED
TODAY I AM MOST GRATEFUL FOR:

....
....
....
....
....
....
....

MY AFFIRMATIONS:

....
....
....
....
....
....
....
....

MY PERSONAL GOALS FOR TODAY:

....
....
....
....
....
....
....
....
....

MY PROFESSIONAL GOALS FOR TODAY:

....
....
....
....
....
....
....
....
....

MY PERSONAL ACCOMPLISHMENTS TODAY:

....
....
....
....
....
....
....
....
....

MY PROFESSIONAL ACCOMPLISHMENTS TODAY:

....
....
....
....
....
....
....
....
....
....
....
....
....
....

DAY 2:   **DATE:**

"Every action geared towards the solution is worthy and deserves recognition."

I AM BLESSED

TODAY I AM MOST GRATEFUL FOR:

....
....
....
....
....
....
....
....

MY AFFIRMATIONS:

....
....
....
....
....
....
....
....

MY PERSONAL GOALS FOR TODAY:

....
....
....
....
....
....
....
....

MY PROFESSIONAL GOALS FOR TODAY:

....
....
....
....
....
....
....
....
....
....

MY PERSONAL ACCOMPLISHMENTS TODAY:

....
....
....
....
....
....
....
....
....
....

MY PROFESSIONAL ACCOMPLISHMENTS TODAY:

....
....
....
....
....
....
....
....
....
....
....
....
....
....
....

DAY 3:   **DATE:**

"Remind yourself of what skills, strengths, and strategies work."

I AM BLESSED
TODAY I AM MOST GRATEFUL FOR:

....
....
....
....
....
....
....

MY AFFIRMATIONS:

....
....
....
....
....
....
....

MY PERSONAL GOALS FOR TODAY:

....
....
....
....
....
....
....
....

MY PROFESSIONAL GOALS FOR TODAY:

....
....
....
....
....
....
....
....
....
....

MY PERSONAL ACCOMPLISHMENTS TODAY:

....
....
....
....
....
....
....
....
....
....

MY PROFESSIONAL ACCOMPLISHMENTS TODAY:

....
....
....
....
....
....
....
....
....
....
....
....
....
....
....

DAY 4:   DATE:

"Your life decisions should always align with your core beliefs and values."

I AM BLESSED

TODAY I AM MOST GRATEFUL FOR:

....
....
....
....
....
....
....

MY AFFIRMATIONS:

....
....
....
....
....
....
....

MY PERSONAL GOALS FOR TODAY:

....
....
....
....
....
....
....

MY PROFESSIONAL GOALS FOR TODAY:

....
....
....
....
....
....
....
....
....
....

MY PERSONAL ACCOMPLISHMENTS TODAY:

....
....
....
....
....
....
....
....
....
....

MY PROFESSIONAL ACCOMPLISHMENTS TODAY:

....
....
....
....
....
....
....
....
....
....
....
....
....
....
....

DAY 5:   **DATE:**

"I love myself more and more with each new day."

I AM BLESSED

TODAY I AM MOST GRATEFUL FOR:

....
....
....
....
....
....
....

MY AFFIRMATIONS:

....
....
....
....
....
....
....

MY PERSONAL GOALS FOR TODAY:

....
....
....
....
....
....
....
....

MY PROFESSIONAL GOALS FOR TODAY:

....
....
....
....
....
....
....
....
....
....

MY PERSONAL ACCOMPLISHMENTS TODAY:

....
....
....
....
....
....
....
....
....
....

MY PROFESSIONAL ACCOMPLISHMENTS TODAY:

....
....
....
....
....
....
....
....
....
....
....
....
....
....
....
....

DAY 6:   **DATE:**

"Tap into your already-present potential, strength, knowledge, and experience."

I AM BLESSED

TODAY I AM MOST GRATEFUL FOR:

....
....
....
....
....
....
....
....

MY AFFIRMATIONS:

....
....
....
....
....
....
....
....

MY PERSONAL GOALS FOR TODAY:

....
....
....
....
....
....
....
....

MY PROFESSIONAL GOALS FOR TODAY:

....
....
....
....
....
....
....
....
....
....
....

MY PERSONAL ACCOMPLISHMENTS TODAY:

....
....
....
....
....
....
....
....
....
....

MY PROFESSIONAL ACCOMPLISHMENTS TODAY:

....
....
....
....
....
....
....
....
....
....
....
....
....
....
....

DAY 7: DATE:

"Even when there is chaos and unrest around me, I remain calm and focused on me and the peace within me."

I AM BLESSED

TODOAY I AM MOST GRATEFUL FOR:

....
....
....
....
....
....
....
....

MY AFFIRMATIONS:

....
....
....
....
....
....
....
....

MY PERSONAL GOALS FOR TODAY:

....
....
....
....
....
....
....
....

MY PROFESSIONAL GOALS FOR TODAY:

....
....
....
....
....
....
....
....
....
....

MY PERSONAL ACCOMPLISHMENTS TODAY:

....
....
....
....
....
....
....
....
....

MY PROFESSIONAL ACCOMPLISHMENTS TODAY:

....
....
....
....
....
....
....
....
....
....
....
....
....
....
....

WEEK 2:   **DATE:**

"It is fundamental to look for lessons in the midst of adversity and to learn from them."

I AM BLESSED

THIS WEEK I AM MOST GRATEFUL FOR:

....
....
....
....
....
....
....
....
....

MY AFFIRMATIONS:

....
....
....
....
....
....
....

MY PERSONAL GOALS FOR THIS WEEK:

....
....
....
....
....
....
....
....
....

MY PROFESSIONAL GOALS FOR THIS WEEK:

MY PERSONAL ACCOMPLISHMENTS THIS WEEK:

MY PROFESSIONAL ACCOMPLISHMENTS THIS WEEK:

DAY 1: **DATE:**

"Asking for help is not a sign of weakness, but a sign of courage and strength."

I AM BLESSED

TODAY I AM MOST GRATEFUL FOR:

....
....
....
....
....
....
....

MY AFFIRMATIONS:

....
....
....
....
....
....
....

MY PERSONAL GOALS FOR TODAY:

....
....
....
....
....
....
....
....

MY PROFESSIONAL GOALS FOR TODAY:

....
....
....
....
....
....
....
....
....
....

MY PERSONAL ACCOMPLISHMENTS TODAY:

....
....
....
....
....
....
....
....
....
....

MY PROFESSIONAL ACCOMPLISHMENTS TODAY:

....
....
....
....
....
....
....
....
....
....
....
....
....
....
....

DAY 2:   **DATE:**

"Trust your own ability to make the right choice."

I AM BLESSED

TODAY I AM MOST GRATEFUL FOR:

....
....
....
....
....
....
....

MY AFFIRMATIONS:

....
....
....
....
....
....
....
....

MY PERSONAL GOALS FOR TODAY:

....
....
....
....
....
....
....
....

MY PROFESSIONAL GOALS FOR TODAY:

....
....
....
....
....
....
....
....
....
....

MY PERSONAL ACCOMPLISHMENTS TODAY:

....
....
....
....
....
....
....
....
....
....

MY PROFESSIONAL ACCOMPLISHMENTS TODAY:

....
....
....
....
....
....
....
....
....
....
....
....
....
....
....

DAY 3:   **DATE:**

"With each new day, I become the best version of myself."

I AM BLESSED

TODY I AM MOST GRATEFUL FOR:

....
....
....
....
....
....
....

MY AFFIRMATIONS:

....
....
....
....
....
....
....
....

MY PERSONAL GOALS FOR TODAY:

....
....
....
....
....
....
....
....
....

MY PROFESSIONAL GOALS FOR TODAY:

....
....
....
....
....
....
....
....
....

MY PERSONAL ACCOMPLISHMENTS TODAY:

....
....
....
....
....
....
....
....
....

MY PROFESSIONAL ACCOMPLISHMENTS TODAY:

....
....
....
....
....
....
....
....
....
....
....
....
....
....
....

DAY 4:   **DATE:**

"It will profit you at all times to deliberately and consciously become aware of where your focus lies."

I AM BLESSED
TODAY I AM MOST GRATEFUL FOR:

....
....
....
....
....
....
....
....

MY AFFIRMATIONS:

....
....
....
....
....
....
....
....

MY PERSONAL GOALS FOR TODAY:

....
....
....
....
....
....
....
....
....

MY PROFESSIONAL GOALS FOR TODAY:

....
....
....
....
....
....
....
....
....
....

MY PERSONAL ACCOMPLISHMENTS TODAY:

....
....
....
....
....
....
....
....
....
....

MY PROFESSIONAL ACCOMPLISHMENTS TODAY:

....
....
....
....
....
....
....
....
....
....
....
....
....
....
....

DAY 5:   **DATE:**

"Every single morning, endeavour to give thanks for the grace to see a new day."

I AM BLESSED

TODAY I AM MOST GRATEFUL FOR:

....
....
....
....
....
....
....
....

MY AFFIRMATIONS:

....
....
....
....
....
....
....
....

MY PERSONAL GOALS FOR TODAY:

....
....
....
....
....
....
....
....

MY PROFESSIONAL GOALS FOR TODAY:

....
....
....
....
....
....
....
....
....
....

MY PERSONAL ACCOMPLISHMENTS TODAY:

....
....
....
....
....
....
....
....
....

MY PROFESSIONAL ACCOMPLISHMENTS TODAY:

....
....
....
....
....
....
....
....
....
....
....
....
....
....
....

DAY 6:   **DATE:**

"Gratitude is a very rewarding and fulfilling lifestyle and choice."

I AM BLESSED

TODAY I AM MOST GRATEFUL FOR:

....
....
....
....
....
....
....

MY AFFIRMATIONS:

....
....
....
....
....
....
....
....

MY PERSONAL GOALS FOR TODAY:

....
....
....
....
....
....
....
....

MY PROFESSIONAL GOALS FOR TODAY:

....
....
....
....
....
....
....
....
....
....

MY PERSONAL ACCOMPLISHMENTS TODAY:

....
....
....
....
....
....
....
....
....

MY PROFESSIONAL ACCOMPLISHMENTS TODAY:

....
....
....
....
....
....
....
....
....
....
....
....
....
....
....

DAY 7: DATE:

"You need wisdom and the spirit of discernment to guide you."

I AM BLESSED

TODAY I AM MOST GRATEFUL FOR:

....
....
....
....
....
....
....

MY AFFIRMATIONS:

....
....
....
....
....
....
....
....

MY PERSONAL GOALS FOR TODAY:

....
....
....
....
....
....
....
....

MY PROFESSIONAL GOALS FOR TODAY:

....
....
....
....
....
....
....
....
....
....
....

MY PERSONAL ACCOMPLISHMENTS TODAY:

....
....
....
....
....
....
....
....
....

MY PROFESSIONAL ACCOMPLISHMENTS TODAY:

....
....
....
....
....
....
....
....
....
....
....
....
....
....
....

WEEK 3:   **DATE:**

"The more often you employ affirmations, the more life-changing they become."

I AM BLESSED

THIS WEEK I AM MOST GRATEFUL FOR:

....
....
....
....
....
....
....
....

MY AFFIRMATIONS:

....
....
....
....
....
....
....

MY PERSONAL GOALS FOR THIS WEEK:

....
....
....
....
....
....
....
....

MY PROFESSIONAL GOALS FOR THIS WEEK:

....
....
....
....
....
....
....
....
....

MY PERSONAL ACCOMPLISHMENTS THIS WEEK:

....
....
....
....
....
....
....
....
....

MY PROFESSIONAL ACCOMPLISHMENTS THIS WEEK:

....
....
....
....
....
....
....
....
....
....
....
....
....
....
....

DAY 1: DATE:

"Affirmations are vital for the nourishment of your mind, soul, spirit, and body."

I AM BLESSED

TODAY I AM MOST GRATEFUL FOR:

....
....
....
....
....
....
....
....

MY AFFIRMATIONS:

....
....
....
....
....
....
....
....
....

MY PERSONAL GOALS FOR TODAY:

....
....
....
....
....
....
....
....
....
....

MY PROFESSIONAL GOALS FOR TODAY:

....
....
....
....
....
....
....
....
....
....

MY PERSONAL ACCOMPLISHMENTS TODAY:

....
....
....
....
....
....
....
....
....
....

MY PROFESSIONAL ACCOMPLISHMENTS TODAY:

....
....
....
....
....
....
....
....
....
....
....
....
....
....
....

DAY 2:   **DATE:**

"Words are very powerful, and the power of life and death lies in the tongue."

I AM BLESSED

TODAY I AM MOST GRATEFUL FOR:

....
....
....
....
....
....
....
....

MY AFFIRMATIONS:

....
....
....
....
....
....
....
....

MY PERSONAL GOALS FOR TODAY:

....
....
....
....
....
....
....
....

MY PROFESSIONAL GOALS FOR TODAY:

....
....
....
....
....
....
....
....
....
....

MY PERSONAL ACCOMPLISHMENTS TODAY:

....
....
....
....
....
....
....
....
....
....

MY PROFESSIONAL ACCOMPLISHMENTS TODAY:

....
....
....
....
....
....
....
....
....
....
....
....
....
....
....

DAY 3:   **DATE:**

"I am very proud of who I am, where I have come from, and where I am now."

I AM BLESSED

TODAY I AM MOST GRATEFUL FOR:

....
....
....
....
....
....
....
....

MY AFFIRMATIONS:

....
....
....
....
....
....
....
....

MY PERSONAL GOALS FOR TODAY:

....
....
....
....
....
....
....
....

MY PROFESSIONAL GOALS FOR TODAY:

....
....
....
....
....
....
....
....
....
....

MY PERSONAL ACCOMPLISHMENTS TODAY:

....
....
....
....
....
....
....
....
....
....

MY PROFESSIONAL ACCOMPLISHMENTS TODAY:

....
....
....
....
....
....
....
....
....
....
....
....
....
....
....

DAY 4:   DATE:

"When you look for lessons in the storm and learn from them, the lessons are stored in your mind ready for next time."

I AM BLESSED

TODAY I AM MOST GRATEFUL FOR:

....
....
....
....
....
....
....
....

MY AFFIRMATIONS:

....
....
....
....
....
....
....
....

MY PERSONAL GOALS FOR TODAY:

....
....
....
....
....
....
....
....
....

MY PROFESSIONAL GOALS FOR TODAY:

....
....
....
....
....
....
....
....
....
....

MY PERSONAL ACCOMPLISHMENTS TODAY:

....
....
....
....
....
....
....
....
....
....

MY PROFESSIONAL ACCOMPLISHMENTS TODAY:

....
....
....
....
....
....
....
....
....
....
....
....
....
....
....

DAY 5:   **DATE:**

"Only by focusing will you be able to effectively take control and manage the situation without letting it control you."

I AM BLESSED

TODY I AM MOST GRATEFUL FOR:

....
....
....
....
....
....
....
....

MY AFFIRMATIONS:

....
....
....
....
....
....
....
....

MY PERSONAL GOALS FOR TODAY:

....
....
....
....
....
....
....
....
....

MY PROFESSIONAL GOALS FOR TODAY:

....
....
....
....
....
....
....
....
....
....

MY PERSONAL ACCOMPLISHMENTS TODAY:

....
....
....
....
....
....
....
....
....
....

MY PROFESSIONAL ACCOMPLISHMENTS TODAY:

....
....
....
....
....
....
....
....
....
....
....
....
....
....
....

DAY 6:   **DATE:**

"Man was never born to be alone or live in isolation."

I AM BLESSED

TODAY I AM MOST GRATEFUL FOR:

....
....
....
....
....
....
....
....

MY AFFIRMATIONS:

....
....
....
....
....
....
....
....

MY PERSONAL GOALS FOR TODAY:

....
....
....
....
....
....
....
....

MY PROFESSIONAL GOALS FOR TODAY:

....
....
....
....
....
....
....
....
....
....

MY PERSONAL ACCOMPLISHMENTS TODAY:

....
....
....
....
....
....
....
....
....
....

MY PROFESSIONAL ACCOMPLISHMENTS TODAY:

....
....
....
....
....
....
....
....
....
....
....
....
....
....
....

DAY 7:   **DATE:**

"I acknowledge myself and all the progress I make."

I AM BLESSED
TODAY I AM MOST GRATEFUL FOR:

....
....
....
....
....
....
....
....

MY AFFIRMATIONS:

....
....
....
....
....
....
....
....

MY PERSONAL GOALS FOR TODAY:

....
....
....
....
....
....
....
....
....

MY PROFESSIONAL GOALS FOR TODAY:

....
....
....
....
....
....
....
....
....
....

MY PERSONAL ACCOMPLISHMENTS TODAY:

....
....
....
....
....
....
....
....
....
....

MY PROFESSIONAL ACCOMPLISHMENTS TODAY:

....
....
....
....
....
....
....
....
....
....
....
....
....
....
....
....

WEEK 4:   **DATE:**

"I am unique and special. I am blessed and grateful to be alive and to be me."

I AM BLESSED

THIS WEEK I AM MOST GRATEFUL FOR:

....
....
....
....
....
....
....
....
....
....

MY AFFIRMATIONS:

....
....
....
....
....
....
....

MY PERSONAL GOALS FOR THIS WEEK:

....
....
....
....
....
....
....
....
....

MY PROFESSIONAL GOALS FOR THIS WEEK:

....
....
....
....
....
....
....
....
....
....

MY PERSONAL ACCOMPLISHMENTS THIS WEEK:

....
....
....
....
....
....
....
....
....
....

MY PROFESSIONAL ACCOMPLISHMENTS THIS WEEK:

....
....
....
....
....
....
....
....
....
....
....
....
....
....
....

DAY 1:   **DATE:**

"Do not waste valuable time, effort, and resources."

I AM BLESSED
TODAY I AM MOST GRATEFUL FOR:

....
....
....
....
....
....
....
....

MY AFFIRMATIONS:

....
....
....
....
....
....
....
....
....

MY PERSONAL GOALS FOR TODAY:

....
....
....
....
....
....
....
....
....
....

MY PROFESSIONAL GOALS FOR TODAY:

....
....
....
....
....
....
....
....
....
....

MY PERSONAL ACCOMPLISHMENTS TODAY:

....
....
....
....
....
....
....
....
....
....

MY PROFESSIONAL ACCOMPLISHMENTS TODAY:

....
....
....
....
....
....
....
....
....
....
....
....
....
....
....
....

DAY 2: **DATE:**

"Gratitude is the ultimate garment to wear each time you step out of bed."

I AM BLESSED

TODAY I AM MOST GRATEFUL FOR:

....
....
....
....
....
....
....
....

MY AFFIRMATIONS:

....
....
....
....
....
....
....
....

MY PERSONAL GOALS FOR TODAY:

....
....
....
....
....
....
....
....

MY PROFESSIONAL GOALS FOR TODAY:

....
....
....
....
....
....
....
....
....

MY PERSONAL ACCOMPLISHMENTS TODAY:

....
....
....
....
....
....
....
....

MY PROFESSIONAL ACCOMPLISHMENTS TODAY:

....
....
....
....
....
....
....
....
....
....
....
....
....
....

DAY 3:   **DATE:**

"I am a person of great integrity; I am always loyal and totally reliable. I am confident I must overcome this situation."

I AM BLESSED

TODAY I AM MOST GRATEFUL FOR:

....
....
....
....
....
....
....

MY AFFIRMATIONS:

....
....
....
....
....
....
....
....

MY PERSONAL GOALS FOR TODAY:

....
....
....
....
....
....
....
....

MY PROFESSIONAL GOALS FOR TODAY:

....
....
....
....
....
....
....
....
....
....

MY PERSONAL ACCOMPLISHMENTS TODAY:

....
....
....
....
....
....
....
....
....
....

MY PROFESSIONAL ACCOMPLISHMENTS TODAY:

....
....
....
....
....
....
....
....
....
....
....
....
....
....
....

DAY 4: **DATE:**

"Where your focus consistently lies in the face of adversity will eventually determine the principles you establish to support you."

I AM BLESSED
TODAY I AM MOST GRATEFUL FOR:

....
....
....
....
....
....
....
....

MY AFFIRMATIONS:

....
....
....
....
....
....
....
....

MY PERSONAL GOALS FOR TODAY:

....
....
....
....
....
....
....
....

MY PROFESSIONAL GOALS FOR TODAY:

....
....
....
....
....
....
....
....
....
....

MY PERSONAL ACCOMPLISHMENTS TODAY:

....
....
....
....
....
....
....
....
....
....

MY PROFESSIONAL ACCOMPLISHMENTS TODAY:

....
....
....
....
....
....
....
....
....
....
....
....
....
....
....
....

DAY 5:   **DATE:**

"Knowledge is simply the acquisition of information, while wisdom is the application of the knowledge of truth."

I AM BLESSED

TODAY I AM MOST GRATEFUL FOR:

....
....
....
....
....
....
....

MY AFFIRMATIONS:

....
....
....
....
....
....
....
....

MY PERSONAL GOALS FOR TODAY:

....
....
....
....
....
....
....
....

MY PROFESSIONAL GOALS FOR TODAY:

....
....
....
....
....
....
....
....
....

MY PERSONAL ACCOMPLISHMENTS TODAY:

....
....
....
....
....
....
....
....
....

MY PROFESSIONAL ACCOMPLISHMENTS TODAY:

....
....
....
....
....
....
....
....
....
....
....
....
....
....
....

DAY 6:   **DATE:**

"I am beautiful just as I am."

I AM BLESSED

TODAY I AM MOST GRATEFUL FOR:

....
....
....
....
....
....
....
....

MY AFFIRMATIONS:

....
....
....
....
....
....
....
....

MY PERSONAL GOALS FOR TODAY:

....
....
....
....
....
....
....
....

MY PROFESSIONAL GOALS FOR TODAY:

....
....
....
....
....
....
....
....
....

MY PERSONAL ACCOMPLISHMENTS TODAY:

....
....
....
....
....
....
....
....

MY PROFESSIONAL ACCOMPLISHMENTS TODAY:

....
....
....
....
....
....
....
....
....
....
....
....
....

DAY 7:   **DATE:**

"This is your chance to shape and determine your destiny against all odds."

I AM BLESSED

TODAY I AM MOST GRATEFUL FOR:

....
....
....
....
....
....
....
....

MY AFFIRMATIONS:

....
....
....
....
....
....
....
....

MY PERSONAL GOALS FOR TODAY:

....
....
....
....
....
....
....
....
....

MY PROFESSIONAL GOALS FOR TODAY:

....
....
....
....
....
....
....
....
....
....

MY PERSONAL ACCOMPLISHMENTS TODAY:

....
....
....
....
....
....
....
....
....
....

MY PROFESSIONAL ACCOMPLISHMENTS TODAY:

....
....
....
....
....
....
....
....
....
....
....
....
....
....

WEEK 5:   **DATE:**

"You are not meant to complete a challenging life journey and stay exactly the same."

I AM BLESSED

THIS WEEK I AM MOST GRATEFUL FOR:

....
....
....
....
....
....
....
....
....
....

MY AFFIRMATIONS:

....
....
....
....
....
....
....

MY PERSONAL GOALS FOR THIS WEEK:

....
....
....
....
....
....
....
....

MY PROFESSIONAL GOALS FOR THIS WEEK:

....
....
....
....
....
....
....
....
....
....

MY PERSONAL ACCOMPLISHMENTS THIS WEEK:

....
....
....
....
....
....
....
....
....

MY PROFESSIONAL ACCOMPLISHMENTS THIS WEEK:

....
....
....
....
....
....
....
....
....
....
....
....
....
....
....

DAY 1:   **DATE:**

"Remind yourself why you woke up, and of the blessings in your life."

I AM BLESSED

TODAY I AM MOST GRATEFUL FOR:

....
....
....
....
....
....
....
....

MY AFFIRMATIONS:

....
....
....
....
....
....
....
....

MY PERSONAL GOALS FOR TODAY:

....
....
....
....
....
....
....
....
....

MY PROFESSIONAL GOALS FOR TODAY:

....
....
....
....
....
....
....
....

MY PERSONAL ACCOMPLISHMENTS TODAY:

....
....
....
....
....
....
....
....

MY PROFESSIONAL ACCOMPLISHMENTS TODAY:

....
....
....
....
....
....
....
....
....
....
....
....

DAY 2:   **DATE:**

"Practice gratitude in every situation and storm."

I AM BLESSED

TODAY I AM MOST GRATEFUL FOR:

....
....
....
....
....
....
....
....

MY AFFIRMATIONS:

....
....
....
....
....
....
....
....

MY PERSONAL GOALS FOR TODAY:

....
....
....
....
....
....
....
....
....

MY PROFESSIONAL GOALS FOR TODAY:

....
....
....
....
....
....
....
....
....
....

MY PERSONAL ACCOMPLISHMENTS TODAY:

....
....
....
....
....
....
....
....
....

MY PROFESSIONAL ACCOMPLISHMENTS TODAY:

....
....
....
....
....
....
....
....
....
....
....
....
....
....
....
....

DAY 3:   **DATE:**

"Every journey begins with a single step."

I AM BLESSED

TODAY I AM MOST GRATEFUL FOR:

....
....
....
....
....
....
....
....

MY AFFIRMATIONS:

....
....
....
....
....
....
....
....

MY PERSONAL GOALS FOR TODAY:

....
....
....
....
....
....
....
....

MY PROFESSIONAL GOALS FOR TODAY:

....
....
....
....
....
....
....
....
....
....

MY PERSONAL ACCOMPLISHMENTS TODAY:

....
....
....
....
....
....
....
....
....

MY PROFESSIONAL ACCOMPLISHMENTS TODAY:

....
....
....
....
....
....
....
....
....
....
....
....
....
....
....

DAY 4:   **DATE:**

"Make wisdom your best and most reliable ally at all times."

I AM BLESSED

TODAY I AM MOST GRATEFUL FOR:

....
....
....
....
....
....
....
....

MY AFFIRMATIONS:

....
....
....
....
....
....
....
....

MY PERSONAL GOALS FOR TODAY:

....
....
....
....
....
....
....
....

MY PROFESSIONAL GOALS FOR TODAY:

....
....
....
....
....
....
....
....
....
....

MY PERSONAL ACCOMPLISHMENTS TODAY:

....
....
....
....
....
....
....
....
....
....

MY PROFESSIONAL ACCOMPLISHMENTS TODAY:

....
....
....
....
....
....
....
....
....
....
....
....
....
....

DAY 5:   **DATE:**

"Reflection is critical in preparing you for the tasks and challenges ahead of you."

I AM BLESSED

TODAY I AM MOST GRATEFUL FOR:

....
....
....
....
....
....
....
....

MY AFFIRMATIONS:

....
....
....
....
....
....
....
....

MY PERSONAL GOALS FOR TODAY:

....
....
....
....
....
....
....
....

MY PROFESSIONAL GOALS FOR TODAY:

....
....
....
....
....
....
....
....
....

MY PERSONAL ACCOMPLISHMENTS TODAY:

....
....
....
....
....
....
....
....
....

MY PROFESSIONAL ACCOMPLISHMENTS TODAY:

....
....
....
....
....
....
....
....
....
....
....
....
....
....

DAY 6:   **DATE:**

"Find at least three things to be grateful for before your feet touch the earth each morning."

I AM BLESSED

TODAY I AM MOST GRATEFUL FOR:

....
....
....
....
....
....
....
....

MY AFFIRMATIONS:

....
....
....
....
....
....
....
....

MY PERSONAL GOALS FOR TODAY:

....
....
....
....
....
....
....
....
....

MY PROFESSIONAL GOALS FOR TODAY:

....
....
....
....
....
....
....
....
....

MY PERSONAL ACCOMPLISHMENTS TODAY:

....
....
....
....
....
....
....
....
....

MY PROFESSIONAL ACCOMPLISHMENTS TODAY:

....
....
....
....
....
....
....
....
....
....
....
....
....
....
....

DAY 7: **DATE:**

"Life is a beautiful gift which I love, cherish, and appreciate."

I AM BLESSED
TODAY I AM MOST GRATEFUL FOR:

....
....
....
....
....
....
....
....

MY AFFIRMATIONS:

....
....
....
....
....
....
....
....

MY PERSONAL GOALS FOR TODAY:

....
....
....
....
....
....
....
....

MY PROFESSIONAL GOALS FOR TODAY:

....
....
....
....
....
....
....
....
....
....

MY PERSONAL ACCOMPLISHMENTS TODAY:

....
....
....
....
....
....
....
....
....

MY PROFESSIONAL ACCOMPLISHMENTS TODAY:

....
....
....
....
....
....
....
....
....
....
....
....
....
....
....

Personal & Professional Transformation and Success Planner

REFLECTION

It is okay to stop every now and again and reflect at every given moment and opportunity on all that which you've written down—on the goals/solutions that you would love to accomplish in your personal and professional life and why you want to create them, how ambitious you are to attain them. Reflect and focus on your inner strength and desire to keep going until you succeed—utilising and maximising your full potential and available resources to enable you to succeed.

Above all, don't put yourself down when you do not achieve your goals within the dedicated time frame or even get them wrong! It's perfectly alright. Acknowledge where you are in your journey at the moment, where you have come from, how far you have come, and pat yourself on the back, and tell yourself that it is all okay and it will continue to be okay. Do away with any thought of failure, reminding yourself that your purpose is to succeed in all your endeavours and in every area of your life and there are really no failures in life but merely feedback.

You never really fail until you finally give up and accept defeat. Get up; dust yourself off; trust yourself again and in your inherent ability to succeed, and start all over again or from where you stopped or encountered a setback/obstacle. In all this, remember to stay positive/optimistic because your mind works best when flooded with positive emotions, thoughts, and instructions. Hence, you might want to visualize and put a mental picture of what you desire to achieve in your mind—so that you have the passion and the energy to go ahead and fulfil that vision.

To Your Success and Greatness!

Success is a reality awaiting your arrival…

Continue your journey to part two of your Personal & Professional Transformation and Success Planner!

www.ingramcontent.com/pod-product-compliance
Lightning Source LLC
Chambersburg PA
CBHW040414100526
44588CB00022B/2826